まんまる家族

道友社編

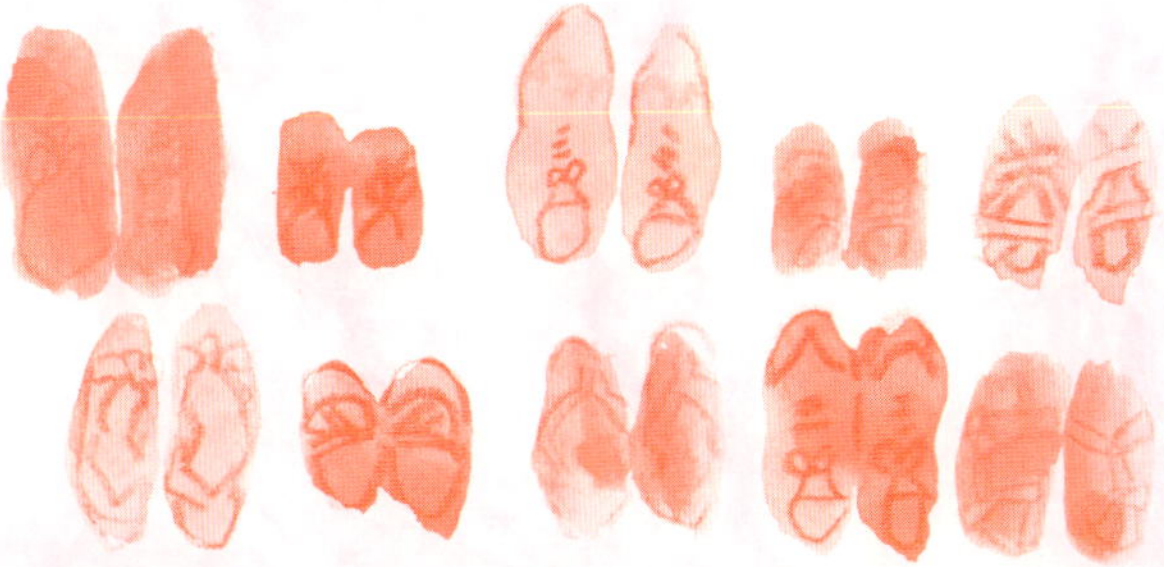

道友社

はじめに

本書は、道友社提供のラジオ番組「天理教の時間」（毎週土曜または日曜日の早朝、全国三十五局で放送中）の「家族円満」シリーズが、平成三十年末に一千回を迎えたのを記念して、これまでに放送された作品のなかから三十二編を選んで一冊にまとめたものです。

番組では、家族関係の希薄化が叫ばれる現代社会にあって、約二十年にわたり〝家族円満〟の大切さを人々へ伝え続けてきました。そのメッセージは、いまも多くのリスナーの共感を呼んでいます。

本書につづられた信仰者ならではのものの見方や考え方、教えに基づく心の持ち方が、失われつつある心の絆《きずな》を取り戻し、陽気ぐらしに向けて家族が円満に治まる手助けとなれば幸いです。

編　者

●まんまる家族——目次

第四章　家族のかたち

＊本文末尾の年月は、ラジオで放送された月を表します。

装丁／装画
やのう・あゆみ

第一章

夫婦の成長

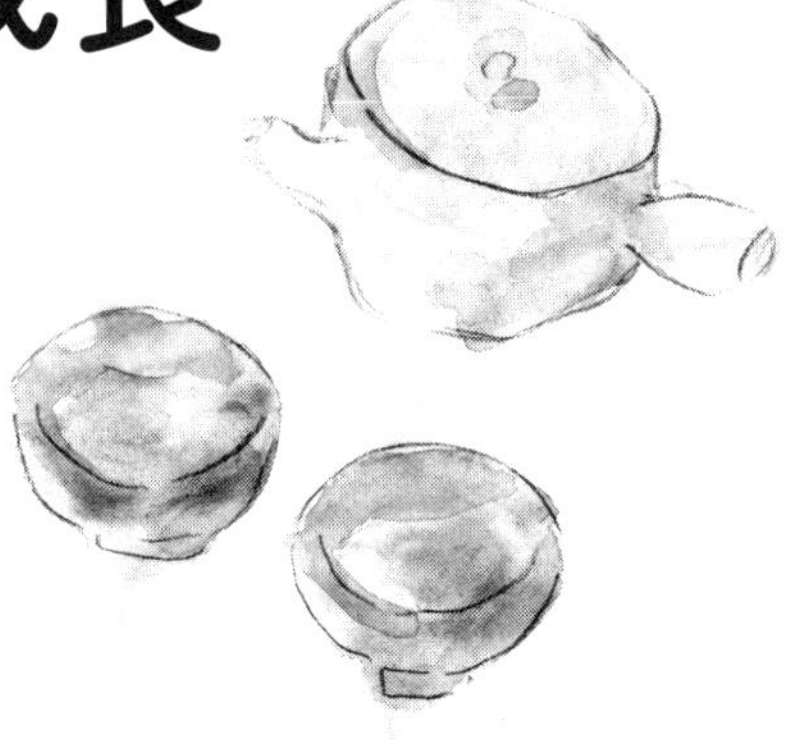

お父さんに変身

目黒和加子《めぐろわかこ》（助産師）

私が勤務する産科医院は、海のすぐ近くにあります。この辺りはサーフィンが盛んで、休日になると、いい波を求めてたくさんの若者が海辺に集まります。

南風が吹き、白波立つ快晴の日の出来事です。夜勤からの申し送りを受け陣痛室へ行くと、ヘトヘトになった初産婦《しょさんぷ》の川島千春《かわしまちはる》さんがいました。千春さんは二日前から弱い陣痛があり、まともに寝ていません。髪の毛はぐちゃぐちゃで、目の下にクマができ、唇もカサカサです。それでも「フーッ、フーッ」と、弱音を吐かずに頑張っています。

そばにはお母さんが付き添い、腰をさすっています。「ご主人は?」と尋ねると、「もうすぐ来ます。母も寝てなくて疲れているので、交代してもらいます。早く来ないかな……」と、待ち遠しい様子。

しばらくして、ご主人が来ました。来たことは来たのですが、ウエットスーツにビーチサンダルという姿です。玄関前にサーフボードを載せた自転車がとめてあります。「グアム沖に台風があって、いい波が来てるから、ちょっと海に入ってくるわ。大会も近いし」

私は唖然《あぜん》としました。「何を言うてんねん」と思いながら千春さんを見ると、表情が一変しています。

「どうぞ、海へでもどこへでも行ってらっしゃい。母と助産師さんがいてくれるから、あなたはいなくてもいい!」と、怖い顔で言い放ちました。

「男がいても何もできませんし、助産師さん、よろしくお願いします。三時間くらいしたら戻ります」

ご主人は私に頭を下げ、さっさと海へ出かけていきました。

そのあと千春さんは、怒りをエネルギーに変えたようで、お産が急に進みだしました。分娩《ぶんべん》室へ移動して様子を見ていると、受付のスタッフがやって来ました。

「あの～、ご主人さんが戻ってこられたんですけど……」

「えっ？　まだ三十分しかたってないのに」

玄関を見ると、海から上がってそのままの、びしょ濡《ぬ》れのご主人が立っています。先ほどと同じ人かと思うくらい、神妙な顔つきです。

「えらい早いこと戻ってきはって、どないしたの？」と尋ねると、「海でサーファー仲間に怒られまして……」とご主人。

「『男がおってもやることないし、お母さんと助産師さんに任せてきた』って言ったんです。親父からは『おまえが生まれたときは、行きつけの居酒屋で同僚と飲んでた。男がおらんほうが安産になるんや』って聞いていたし。そうしたら仲間の一人に『おまえ、アホか！　うちの嫁さん、お産のときに大出血して分娩室が血の池になったんや。真っ青になって意識が遠くなっていくし、俺《おれ》は赤ちゃん抱いたまま廊下に出されて。もしかして、いきなり父子家庭かって思ったわ。赤ちゃんは泣きだすし、俺も泣きそうやった……』って言われて。別の仲間は、次男の出産のとき緊急帝王切開で、仮死状態で生まれてきたらしいんです。『本当に生きた心地がせえへんかった。おまえ、お産をなめとったらあかんぞ。はよ嫁さんとこに戻れ！』って、こっぴどく叱《しか》られました」

どうやらご主人、仲間にさんざん怒られて、慌ててすっ飛んできたようです。

ところが、千春さんは「ご主人、戻ってきはったよ。中に入ってもらう？」と私が聞いても、「結構です。廊下で待つように伝えてください」と、むくれています。ご主人に「いすに座って、そこから応援してください」と伝えると、下を向いて、しょんぼりしてしまいました。

しばらくして子宮口が全開大しました。息みながら「いたーい！」と大声で叫ぶ千春さん。ご主人は居ても立ってもいられず、廊下から分娩室に向かって叫びました。

「千春、すまんかった。こんなときに海に行った俺が悪かった。頼むから分娩室に入れてくれー！　立ち会わせてくれー！　そばで応援させてくれー！」

分娩室と外来の待合室は、廊下でつながっています。ご主人の叫び声は、妊婦検診に来ている人たちに丸聞こえです。検診の付き添いで来ていた男性から、「あのご主人を中に入れてあげてください。気の毒で聞いていられません」と頼まれる始末です。

ヘトヘトの千春さんにそのことを伝えると、「もう、恥ずかしい！　早く中に入れてください」と、言い方はきついですが目はうれしそう。

バツが悪そうに入ってきたご主人に、千春さんの容赦ない言葉が飛びます。

「ちょっと、お水ちょうだい！」

「あっ、はい。水ね」

「汗拭《ふ》いてよ」

「えっ、タオルどこ?」

「目の前にあるでしょ」

「あ、ごめん」

「あっついわ。うちわで扇《あお》いで」

「ああ、こんなもんか?」

「もう、扇ぎ過ぎ! 息できへん」

二人の会話を聞きながら、吹き出しそうになる私。笑いをこらえていると、いよいよ強い陣痛が来ました。

「よし、息を吸って、吐いて。もう一回吸って、吐いて。次に大きく吸い込んで、息を止めて。そらっ、息んで! 長〜く、長〜く頑張れ。苦しくなったら吸い直して、もう一回。思いっきり息んで! 歯を食いしばって、唇閉じて。目を開けて私のほうを見て。そうそう、そこで気を抜かない! 底力出して踏ん張りやー」

髪の毛を振り乱し、目をカッと見開いて、仁王《におう》様のような形相で頑張る千春さんを見て、オロオロするご主人。

「赤ちゃんの髪の毛、見えてきたよ～。もうちょっとやで～」

しかし、赤ちゃんの頭が予想よりも大きく、なかなか産道を下がってきません。気丈に頑張る千春さんを、ご主人が懸命に応援しています。だんだんと夫婦の息が合ってきました。

ゆっくりと時間をかけて、男の子が産まれました。元気な産声《うぶごえ》が分娩室に響きました。

「千春、ありがとう、ありがとう」

ご主人は分娩台の横でひたすら頭を下げ、号泣しました。さっそく赤ちゃんを抱っこしてもらうと、緊張で両肩が上がり、カチコチです。

いとおしそうにわが子を見つめるご主人は、外見こそいままでと同じサーファーのお兄ちゃんですが、中身は劇的に変わっています。お産が彼を〝お父さん〟へと大変身させたのです。
この変わりようを見た私は、うれしくて、頼もしくて、ほほ笑ましくて、心のなかでガッツポーズを決めました。

（二〇一五年十月）

一杯のお茶

松尾太郎《まつおたろう》（加古《かこ》大教会長）

私は、母の入れた緑茶が大好きです。熱過ぎずぬる過ぎず、必ずちょうどいい温度で入れてくれます。小学校の高学年から中学生のころは、よく父と母と私の三人で、炬燵《こたつ》を囲んで飲んだことを思い出します。

高校に入るとクラブ活動に夢中になり、大学は他県へ進学、仕事でも実家を離れていたので、毎晩の母のお茶からは長い間遠ざかっていました。

母は福岡県の天理教の教会で生まれ、二十五歳で、いま私が会長を務めている兵庫県の教会に嫁いできました。いまでこそ教会の近くにはコンビニもありますが、当時は田んぼに囲まれた全く何もない所で、福岡の都会で育った母にとっては、かなりの衝撃だったといいます。また、うちは敷地こそ広かったのですが、教会に住む人も出入りする人も少なく、寂しい状態が続いていました。

父は五歳のとき父親を亡くし、それからは耳が不自由で身体《からだ》も弱い母親と、母一人子一人で育ちました。とても肌が白かったので、私の母はよく冗談で「白馬に乗った王子様と結婚するはずが、私が一緒になったのは白馬のほうだった」と言っていました。

父は若いころ、あまり話をしない人だったようで、結婚生活の最初の十年間は、夫婦の会話を増やそうと部屋にテレビを置かなかったそうです。その甲斐《かい》あって、何でも夫婦で話し合うようになり、私も大きくなるに連れて、その輪に加わるようになりました。教会につながる信者さんや住み込みさんのこと、また政治や経済の話など、本当にいろいろなことを家族三人で話した思い出があります。

父と母は当時、家族から見放されたアルコール依存症の人や、重度の精神疾患の人、家庭に恵まれずに居場所を失った人などを教会で預かったり、若い人たちを招き入れたりと、コツコツと布教活動に努めていました。あれこれと手を尽くし、いまではおよそ四十人の人たちが共に暮らす、賑《にぎ》やかな教会になりました。

父と母は話し始めると、白熱することもよくありました。どうしたらもっといい教会になるのか、どうしたら信者さんたちに喜んでもらえるのかと、どちらも一歩も引かない議論をしているのを何度も聞きました。話が物別れに終わると両者とも黙ってしまい、なんとも言えない空気が流れました。

「これはまずい。お父さんとお母さんは、このままずっとしゃべらないのかなあ」と、子供ながらに心配していると、実にいいタイミングで母が席を立ち、台所でお茶を入れてくるのです。そのお茶を父がひと口飲むと、場が和《なご》んで、また親子三人の話が始まります。

しばらくすると、今度は「一杯くれるか?」と、父がお酒の合図を出します。父は母が出したお酒を二合ほど飲むと、気持ちよくなって、そのまま居間で寝てしまうのです。すると今度は、母が私に話し始めます。その話は決まって、「いかにお父さんがすごいか」ということなのです。

「はたからは、二人がいつも対等に議論しているように見えるかもしれないけれど、実はお父さんのほうが、器がよっぽど大きい。そんなお父さんと結婚できて本当に良かった」などと、父をべた褒《ぼ》めするのです。そして、寝ている父のそばへ行って、「ベッドで寝てくださいよ」と声をかけ、父が移動すると、また私にお茶を入れてくれるのです。

父はお酒が大好きで、冗談を言っては人を笑わせる楽しい人でした。私は母の褒め言葉のおかげで、父はすごい人なのだと、ずっと思ってきました。そして最近になって、いつでも陰で父を褒め、少し夫婦間の機嫌が悪くなっても、一杯のお茶で解決してしまう母も、すごい人だと思うようになりました。

母は実家の母親から、よくこう聞かされていたといいます。

「主人をしっかり立てて通りなさい。あなたのおかげ、あなたのおかげと主人を立てれば、その尽くした理で子供は立派に育つのよ」

私が立派に育ったかどうかは分かりませんが、母が父をしっかり立てたうえで、私を育ててくれたことは間違いありません。


父は四年前に亡くなりました。それからは母と私と妻の三人で、よく話をしています。結婚当初は、母と私の二人で話すことが多かったのですが、だんだんと妻も話の輪に加わるようになってきました。

そしていまでは、母に代わって、妻がお茶を入れてくれるようになりました。その一杯のお茶を飲む時間は、私にとって、わが家にとって、かけがえのない時間となっています。


（二〇一八年六月）

あたたかさに包まれて

田中《たなか》のぶ代《よ》
（水篶刈《みすずかる》分教会長夫人）

小さいころから寒い冬が苦手でした。毎年、「クマさんのように、あったかい穴ぐらで冬眠したいな」とか、「ヤドカリのように、炬燵《こたつ》を背負ってのっそり歩きたいな」などと思ったものです。そんな願いは叶《かな》うはずもなく、雪だるまのようにコロコロと重ね着をして、何十回も冬を過ごしてきました。

でも、そんな寒い冬の日に、老眼鏡を曇らせながら温かいうどんをすする幸せ。熱いお茶を「ふーふー」言って飲む幸せ。外から帰ってきた孫の冷えきった手を両手で包み、温かい息を「はーっ」と掛けてあげると、「ばーば、あったかい」と、とてもうれしそうな顔をして抱きついてきてくれる幸せ……。

寒い日でなくても、一日の用事を済ませ、ゆったりと温かい湯船で手足を伸ばせば、思わず「あぁ～、ありがたい！　あぁ～、幸せ！」と、ありったけの喜びの言葉を口にして、至福のひと時を楽しんでいる自分がいます。あったかいって、素晴らしい。

人への言葉かけも同じだと思います。天理教の教祖・中山みき様は、「やさしい心になりなされや。人を救《たす》けなされや。癖《くせ》、性分を取りなされや」と、どんなときも、どんな人にも、優しい心で接し、あたたかい言葉をかけながら、教え導いてくださいました。

五年前に嫁いだ長女は現在、三児の母親となって穏やかに暮らしています。小さいときから弟や妹の面倒をよく見てくれる、しっかり者のお姉ちゃんで、忙しい親の手伝いもよくしてくれました。半面、どちらかと言えば気の強い性分で、なかなか負けん気が強く、それがいい方向に出ればいいのですが、納得がいかなければ、親にも噛《か》みついてくる大変なじゃじゃ馬でした。

学校を出て、小さいころからの夢であった幼稚園の先生になりました。子供が大好きで頑張り屋の娘にとっては、ピッタリの職業に就《つ》けたと喜んでいました。

そばで見ていて、毎日毎日大変な仕事だなと思っていましたが、娘は弱音を吐かずに頑張っていました。受け持ちの子供たちをとても大切にし、心を掛けてかわいがり、問題が起きると一生懸命に親御さんと話し合って、解決に努めていました。

それでも若い娘です。自分をうまくコントロールするのは難しく、だんだんとストレスのタンクが満タンになってきます。そうなるともう大変、手がつけられません。持ち前の気性の激しさから、家に帰ってくるとイライラして、家族に当たり散らすことも多々ありました。

職場へ行けば、女神のようなほほ笑みで周りの人に優しく接し、家に帰れば鬼の形相。それでも、大変なのはよく分かるし、幼稚園で皆さんに喜んでもらえればありがたいのだから、少々のことは家族が我慢しようという暗黙の了解ができ、みんな黙って当たり散らされていました。

そんな日がしばらく続いたのですが、あるときからとても穏やかになってきました。どんなに忙しい日が続いてもニコニコと仕事に出かけ、家族にもニコニコと接するようになり、「どうしたんだろう？　熱でもあるのかな」と、反対に心配になる始末です。

するとある日、モジモジしながら「お父さん、お母さん。会ってもらいたい人がいます」と言ってきました。「ははーん、ニコニコの原因はここにあったのか」。うれしさとドキドキを抱えながら、さっそく若い二人と私たち夫婦で食事会の席を設けました。とても優しそうな好青年で、私たちは安心して娘を託すことに決めました。

娘が年ごろになって、時々「この子をお嫁さんにしてくれる人はどんな人だろうか」と想像するようになりました。厳しく叱《しか》ってくれる人がいいんだろうか、それとも、何でも娘の言うことを聞いてくれる、おとなしい人がいいんだろうか――。

本人が連れてきた人は、優しさが服を着て歩いているような人でした。娘は「お母さん、意見がぶつかったとき、大きな声で言い合わなくても話し合いはできるんやね。彼とは、お互いに納得できるまで、じっくりと話し合えるんだよ」と言いました。

その言葉に、私はガツンと頭を殴られたように思いました。いままで私は、子供のために良かれと思って、厳しく子育てをしてきました。言うことを聞かないと、すぐに叱ったり、大きな声を出して言い合ったり。気の強い娘に強く叱り、なお強い子にしてしまったのではないかと、申し訳なく思いました。


小さいころ、イソップ物語の『北風と太陽』をよく読みました。旅人のマントをどちらが早く脱がすことができるか、北風と太陽が競争するお話です。

北風は旅人のマントを吹き飛ばそうと、冷たい風をヒューヒューと吹きかけます。旅人はマントを飛ばされまいと、必死で体に巻きつけます。今度は太陽の番で、ポカポカと旅人に暖かい日差しを注ぎます。旅人は暑くてたまらなくなり、マントを脱ぎます。もちろん、この競争は冷たい北風の負けです。

この負けた北風と私は同じで、言うことを聞かそうと、力任せに娘にヒューヒューと冷たい風を吹きかけていたのでしょう。その娘の前に、ポカポカと暖かい日差しを注ぐ太陽が現れてくれました。

結婚してからの娘は、あのじゃじゃ馬がこんなに変われるものかと驚くほど、穏やかな母親になり、優しい主人に一生懸命仕えているではありませんか。暖かさに包まれると、人はこんなにも変われるものなんだと、わが娘のことながら驚いています。

いま、世の中は殺伐《さつばつ》として、人の優しさに飢えている人がたくさんいます。太陽のような暖かさと優しい言葉かけで、周囲の人に少しでも喜んでもらえるような通り方をしたい。今日もあったかい湯船につかりながら、その思いを新たにする私です。

（二〇一八年二月）

笑顔がいちばん

橋詰《はしづめ》真紀《まき》（松阪《まつさか》大教会長夫人）

娘は時々、こんな質問をしてきます。

「なんでお母さんは、お父さんと結婚したの？」

「それは、お父さんがイケメンで優しいからに決まってるじゃない」

「え～っ？　そうかなあ……。ねえねえ、おばあちゃん。おばあちゃんはなんで、おじいちゃんと結婚したの？」

最近、いわゆる「恋バナ」が好きなお年ごろで、この手の話題に興味津々です。

私もまだ独身だったころ、知り合いの若い奥さん方に、

「ご主人に『私って花に例えたらなあに？』って聞いてみてください」と、お願いしたことがあります。

後日、結果を聞いてみると、バラ、ヒマワリ、チューリップ、タンポポ、ユリなど、さまざまな花の名前が返ってきたそうです。男性陣の意外と真面目《まじめ》な答えに、普段はみじんも見せない奥さんへの愛情の深さが感じられて、「夫婦の絆《きずな》って、見た目だけでは分からない！」と思ったことを覚えています。

私は結婚して十六年になります。授けていただいた子供は四人。一番上は高校一年生、一番下が小学五年生になり、みんなすくすく育っています。

子供が小さいころはいろいろと大変で、それこそ無我夢中でした。そんなある日、主人も忙しくてイライラしていたのでしょう、私に向かって、こう言ったのです。

「おまえはいいよな、楽できて」

さすがに腹が立って、「私だって頑張ってるのよ。楽なわけないいじゃん！」と言い返そうと思いましたが、その言葉をグッと飲み込んで、その場はやり過ごしました。

しかし、主人が出かけてからも心のモヤモヤは晴れず、壁に向かってスリッパを投げつけて、むしゃくしゃした気持ちを吹き飛ばしました。

「あー、すっきりした」

そのときはそれで終わったのですが、しばらくして里帰りをした折に、そのことを父に、つい話してしまいました。父は笑いながら言いました。

「男は背負ってるものがあるからなあ」

納得できないながらも、父の言葉は妙に私の心にストンと治まり、いまでもずっと心の奥にあります。


さて、不思議な縁で結ばれた夫婦が新しい家庭を築いていく道中には、晴れの日もあれば雨の日もあります。自分にとって不都合なことも、たくさん起こります。ちょっとしたことでけんかをしたり、子供につらく当たってしまったり。そんな自分に嫌気が差して、ひどく落ち込んでしまったり……。そんなとき、どのようにすればいい方向に進めるのでしょうか。私は、母親の笑顔がカギになると考えています。

天理教では、女性は「大地」と聞かせていただきます。大地は、雨が降っても枯れ葉が落ちても、すべてのものを引き受けて、蒔《ま》かれた種を大切に育《はぐく》みます。動物や植物、命あるものすべての揺るぎない土台となって、それらを支えるのが大地です。大地に必要なのは、温かさや明るさ、人と人との心をつなぐ優しさ、根気強く子供を育てる粘り強さです。

それに対して、男性は「天」です。この天と地の間で子供はすくすくと育ちます。家庭のなかで、母親が父親よりも強くなってしまったのでは、天と地がひっくり返ったようなもの。子供はどうやって育っていくのでしょう。母親がいつも笑顔で、「お父さんのおかげで家族が幸せに暮らせるんだね」と、大地のように広くて低い心で通っていれば、家族円満に暮らしていけると思うのです。

私の知り合いに、大きな病気を患っている方がいます。よくその方の所へ行って、病気が良くなるよう神様にお願いをさせていただいています。

そこでいつも、息子さんのこと、ご主人のこと、ご自身のことなど、いろんな話をします。あるとき、「こんな病気になって自分に何ができるだろう、息子に何をしてやれるだろうか」と言われるので、こう答えました。

「私は、あなたの明るい笑顔を見て元気をもらっています。ほかにも、そう思っている方はたくさんいるはずです。笑顔であいさつするだけでも、誰かの心を軽くしたり、和《なご》やかにしたりすることができる。それだけで、人だすけになっていると思いますよ」

笑顔の力は大きいと思います。特にお母さんの笑顔は、家庭の雰囲気を明るくします。

実際は、笑っていられない日だってあります。スリッパを投げつけたくなる日もあるかもしれません。でも喜びの種は、探せばどこにでもあると思うのです。

朝起きて、目が見え、耳が聞こえること。おしゃべりができること。ご飯をおいしく頂けること。子供たちが元気に学校へ行き、主人も両親も健康でいてくれること。そんな、ふだん当たり前だと思っていることのなかに、幸せを感じたいものです。これからも、喜びの種を探しながら、毎日を笑顔で送りたいと思います。

（二〇一三年四月）

Sさん夫婦の思い出

西村直恵《にしむらなおえ》（一筋《ひとすじ》分教会長夫人）

　ある日のこと、天理教のご本部に参拝するために、京都から天理行きの直通電車に乗り込みました。しばらくすると、何やら聞き覚えのあるような笑い声が耳に入ってきました。

「あれ？　もしかして……」

　声のするほうに目をやると、同じ並びの少し離れたシートで、見知らぬ年配のご夫婦が楽しそうに会話をしています。

「そんなはずないよなあ……」

電車に揺られながら、私は以前お世話になった、あるご夫婦のことを思い出していました。

それは、私が二十代後半のころのことです。

腎臓の検査のため、天理市内の病院に入院することになりました。病室に案内されると、向かい側のベッドに、小柄で色の白い、ちょっぴり太めのご婦人が座っていました。早速あいさつをすると、鼻の上にちょこっと乗せていた眼鏡を外し、ニッコリ笑って「よろしくお願いします」と、丁寧《ていねい》にあいさつを返してくださいました。

やがて面会時間になって、一人の背の高いおじさんが、部屋の入り口で「こんにちは」と、深々とお辞儀をして入ってこられました。そして、向かいのおばさんと少し会話をしたあと、私のそばへ来て「よろしくお願いします」と、丁寧に頭を下げられるのです。私は慌ててベッドのうえで正座をし、「こちらこそ、よろしくお願いします！」と言って頭を下げました。

これがSさん夫婦との出会いでした。

おばさんは重い肺の病気で、一日のほとんどをベッドで過ごしていました。しかし、少しも暗い様子はありません。手先がとても器用で、毛糸で人形を編んだり、巾着《きんちゃく》を縫ったりしては、人にあげて楽しんでおられました。

おじさんは、毎日決まった時間に来て、夫婦で楽しそうにおしゃべりをされます。おばさんはニコニコしながら小声で話し、おじさんは時々大きな笑い声をあげています。おばさんが疲れてお昼寝をするときには、おじさんもいすに座って同じように居眠りをしていました。

なんて仲の良い、すてきなご夫婦だろう。私は向かいのベッドから、Sさん夫婦の様子を見るのが楽しみになりました。

当時、私には付き合っている人がいたのですが、結婚については悩んでいました。それまでに何度も入退院を繰り返していて、この先、結婚生活を無事に送っていけるのか自信がありませんでした。今回の入院は、その答えを出すためのものでした。

入院生活が長くなり、お互いに気心が知れてくると、おじさんはこんな話を聞かせてくれました。

「私は二十代で養子に入って、それからお見合いをして妻と一緒になったんだ。この人は優しい人でねえ。認知症になった母の面倒を実によく見てくれた。ちょうど子育ての忙しいころだったけれど、近所を徘徊《はいかい》する母を一晩中捜し回ったりして、ほとんど寝ずに介護をしてくれたんだ。私は仕事の忙しさにかまけて、家のことを何もかも妻に任せっきりにしてしまった。本当に申し訳ないと思っている。

母を見送り、子供もみな独り立ちして、やっと二人でのんびり旅行にでも行けるかなと思った矢先に今度の病気だ。私も働き過ぎたせいか、心臓を悪くしてしまった。でも私は、この人がいてくれる限り、せめてもの恩返しのつもりで身の回りのお世話をさせてもらおうと思ってるんだ」

おじさんが話している間、おばさんは何も言わず、ニコニコしながら小さな毛糸の人形を作っていました。

五十年という歳月を、二人で力を合わせて生きてきた。言葉では言い表せない二人の深い愛情が伝わってくるようで、私は結婚に対して、少し前向きに考えられるようになりました。

彼は毎日のようにお見舞いに来てくれて、私の病気が良くなるよう、神様にお願いしてくれました。Sさん夫婦は、その様子を見て「直ちゃん、彼はいい人だから絶対に離しちゃダメだよ」と、私たちのことを心から応援してくれました。

検査の結果、私の腎臓は思ったほど悪化してはいませんでした。しかし妊娠や出産は、病状が安定しているときがいいとのことでした。


やがて、おばさんも私も退院し、それぞれの生活に戻りました。ところが、一年ほどたって、突然おばさんが亡くなったとの知らせを受けました。

退院してからも、時々お宅へ遊びに行って元気な姿を拝見していただけに、とてもショックでした。

後日、お悔やみに行くと、おじさんはハアハア息を切らしながら家のなかを掃除していました。私の顔を見ると、とても喜んで、掃除の手を休めてお茶を入れてくださいました。

「いくら心臓が悪くても、毎日の掃除はやめられないねえ。自然と身体《からだ》が動くんだよ。でも、どんなにきれいにしても、『ありがとう、ご苦労さまです』と言ってくれる人がいないと、つまらないもんだ。

妻は、私が掃除をしたり、身の回りのことを手伝ったりすると、どんな些細《ささい》なことでも『ありがとうございます』と、丁寧にお礼を言ってくれた。それはとても幸せなことだったんだと、いま、つくづく思うよ。いいかい、直ちゃん。彼を大切にするんだよ」

一人になったおじさんは、それから間もなく、大阪にいる娘さんの家へ引っ越しました。お孫さんに囲まれた楽しい生活だと聞いていたのですが、その年の暮れ、一緒に住む娘さんから一通のハガキが届きました。

「亡き父の喪中につき、年末年始のご挨拶《あいさつ》を控えさせていただきます」

間もなく、天理駅に到着することを知らせるアナウンスが車内に流れました。少し離れたシートからは、相変わらず楽しそうなご夫婦の会話が聞こえてきます。

〝いまごろSさん夫婦も、神様の懐に抱《いだ》かれて、仲良くおしゃべりをしておられるのかな？〟

あれから二十年余りがたちます。私はSさん夫婦に勇気をもらい、「お二人のように力を合わせて、どのような困難も乗り越える夫婦になりたい」と願って、彼と結婚することができたのでした。

そのときの思いも新たに、私は電車を降りました。


（二〇一一年六月）

母の笑顔

寺田和佳子《てらだわかこ》（網島《あみじま》分教会長夫人）

嫌なことがあっても、笑顔に癒《い》やされて忘れてしまう。そんな経験をしたことはありませんか？　特に赤ちゃんの笑顔は格別ですね。疲れが限界に達していても、ニッコリ笑ってくれると力が湧《わ》いてきて、「やっぱり頑張ろう！」という気になります。

買い物に行った先で、お店の人が笑顔で「いらっしゃいませ」と言ってくれただけで、買わなくてもいいものまで買ってしまったり、街で通りすがりの人に「こんにちは」と笑顔で声をかけられただけで、空の青さまでうれしくなったり。家庭に「おかえりなさい」と笑顔で迎えてくれる人がいると、外での疲れが吹き飛びます。私たちはそうやって、周りの人々の支えを頂いて生きているのですね。

そう考えると、笑顔は自分のためにあるのではなく、人を幸せにするためにあるのかもしれません。

では、自分は日々、笑顔で暮らしているかどうかというと、相手がブスッとしていたら、同じように嫌な態度をとってしまったり、自分のイライラを関係のない相手にぶつけてしまったり、分かっていても、できないことの多い毎日です。

天理教の教祖・中山みき様は、常日ごろから、おそばの方々に優しい言葉をかけられました。

あるとき、飯降《いぶり》よしゑさんという若い女性に、こう仰《おお》せになりました。

「よっしゃんえ、女はな、一に愛想と言うてな、何事にも、はいと言うて、明るい返事をするのが、第一やで」

どうして教祖《おやさま》は、男性ではなく女性におっしゃったのでしょう。「なぜ女性だけ？」

と思ってしまう方もいるかもしれません。

女性には大地のように、温かく、優しく、我慢強く、そしてどんな物でもすべてを受け入れて、相手に力を与える特性があると聞かせていただきます。そんな特性を備えているからこそ、つらいことがあっても、笑顔で「はい」と言える力があるのだと、教祖は教えてくださったのだと私は思います。

そうした女性の姿を、私は母から教えられました。母の思い出はたくさんありますが、いつも台所で、大きな声で笑っていた姿がいまでも思い起こされます。


十年ほど前、母は父の仕事の都合で、韓国へ渡ることになりました。隣の国といえども、言葉が全く分からない母にとっては、不安いっぱいの毎日だったと思います。帰国するたびに、こちらの空港に着いて日本語が聞こえてくることが、どれほどうれしいかと話していました。

言葉の壁は本当につらいものだと思います。周りの方が楽しそうにお話しされていても、何のことか分からない。遊んでいる子供たちに「何してるの？」「いくつなの？」と、いつもならすぐに声をかける母ですが、それもできません。しばらく生活を共にしていた、もうひと家族が日本に帰ってからは、本当に寂しかったようです。

母が亡くなったあとも、父は三年ほど一人で韓国での務めを続けていました。務めを終えて帰国したいまも、多くの方が父を訪ねてきてくださり、「韓国では先生にたすけていただきました」と、お礼を言ってくださいます。そしてなかには、私が母に似ているからか、私の顔を見て「先生にもお世話になりましたが、奥さんがいつも先生のそばでニッコリ笑ってくださっていたので、その笑顔にたすけられました」と、涙ながらに話す方もおられます。

母は父から「おまえができる人だすけは、俺《おれ》のそばでニコニコしていることや」と言われ、その言葉を信じて、ひたすら素直に実行していたようです。言葉が分からない土地で、母がどんな思いで通っていたのか。いつでも、どんなときも、笑顔でいた母の姿に、私は頭が上がりません。やはり女性である母なればこそ、その笑顔が人の心に染みたのではないでしょうか。

いまでも母は事あるごとに、その生きざまを通して、私に信仰の要《かなめ》を伝えてくれています。何げない日常生活のなかで、少し不足に思ってしまうことがあっても、もっとつらいなかをニッコリほほ笑んで通った母の姿を思えば、乗り越える力が湧いてくるのです。

これからも、母が残してくれたメッセージをしっかりつかみながら、女性として、笑顔と素直さを大切にしていきたいと思います。


（二〇一八年二月）

合わない部分に意味がある

松村登美和《まつむらとみかず》（本部員、東京分教会長）

早いもので、妻と結婚して二十三年目を迎えました。おかげさまで現在、三人の子供とともに仲良く家庭生活を送っています。

ただ、「仲良く」といっても、夫婦が四六時中、仲たがいすることなく常に笑顔で過ごしているというわけではありません。どこの家庭もそうでしょうが、意見がすれ違うときもあれば、言い合いになることもあります。しかし、そのようななかも上手《じょうず》に泳ぎながら、おおむね仲良く歩んでこられたと思います。

私と妻は、お互いに惹《ひ》かれ合うところがあって結婚しました。私たちもそうでしたが、世の中の夫婦のほとんどは、幸せな家庭を築こうと思って第一歩を踏み出すことでしょう。しかし実際に、一緒に生活するようになると、初めの純粋な気持ちだけで毎日を送るのは、なかなか難しいものです。

結婚以前は特に気にならなかった相手の考え方や行動に、違和感を覚えることもあるでしょうし、それまで知らなかった相手の一面を見ることもあるでしょう。私も結婚して十年くらいの間は、生活のなかのちょっとしたことで、妻と意見が合わない場面がたくさんありました。

たとえば、一緒に出かけて帰宅する際に、どの電車に乗るかで〝静かな争い〟が始まるのです。私は目の前に止まっている各駅停車に乗って、座って帰りたいと思うのですが、妻は一本あとに来る快速電車に乗りたいと言います。快速は十分ほど早く着きますが、混んでいるので立っていなければなりません。

「そんなに急がなくても、座って周りの景色でも眺めながら帰ろうよ」と言うのですが、その言葉が妻を余計に刺激して、「私は帰ってから子供のこともしなきゃいけないんだから。あなたはそれでいいでしょうけど……」と返されてしまいます。

本当に些細《ささい》な日常のひとコマですが、こうした小さなすれ違いが重なって、不足の思いが募っていくと、気がついたときには二人の間に大きな溝ができているものです。私たち二人は、ありがたいことに、溝ができる前に互いの心の向きを天理教の教えによって修正しているおかげで、仲良く暮らせているのだと思います。

たとえば、夫婦生活を続けていると、「毎日一緒に暮らしているのだから、相手が自分の気持ちを分かってくれて当然」と思ってしまうものです。しかし、夫婦は本当に相手の気持ちを、常に理解することができるでしょうか？　そうではないと、私は思います。

この世と人間をお創《つく》りくださった親なる神様は、「親子でも、夫婦のなかも、きょうだいも、皆めいめいに心違うで」とお教えくださっています。

別々の所で生まれ育った二人が、違った考え方や主張を持っているのは当たり前です。その二人が一緒に暮らすのですから、生活の折々に「この人は、どうしてこんなふうに言うのだろう」と思ってイライラしたり、腹を立てたりすることがあるのは、当然といえば当然でしょう。

夫婦というものは、親神様が縁のある二人を出会わせ、組み合わせて、互いの違いを認め合いながら共に成長するようにと、さまざまな出来事を通してお導きくださっているのだと思います。

それでは、出会った二人はどのような心で向き合い、暮らしていけば、幸せな家庭を築くことができるのでしょうか。そのためには、お互いの良いところを上手に吸収し、それぞれの成長につなげていくことが大事なポイントの一つだと思います。「自分と妻は性格が合わない」「私と夫は相性が悪い」と思うのではなく、自分が持っていない相手の良い部分を、自分の長所として取り込むように努力する。そうすることでお互いに成長し、認め合う間柄になれるのではないでしょうか。

先ほどの私の例で言えば、各駅停車を好むゆったりした心持ちは、それはそれで、大らかでいいかもしれませんが、それだけでは物事は成っていきません。そこで、私が元々持っているかもしれない〝大らかさ〟に、妻が持つ、一秒でも早く目的地に着こうとする〝行動エネルギー〟が加わり、それを場面によって使い分けることができれば、大きな財産になります。

夫婦が共にそのように成長すれば、その家庭で育つ子供はさらに大きく育っていく……。そのような姿を私は夢見ています。

（二〇一六年四月）

二人だけのデート

松尾理代《まつおみちよ》
（「憩の家」がん相談支援センター看護師長）

私が勤める天理よろづ相談所「憩の家《いこい》」病院に入院されていた、五十代の男性とご家族のエピソードを紹介します。

その方は肺がんで、抗がん剤治療を受けていましたが、次第に薬が効かなくなっていました。やがて、骨に転移して足が動かせなくなると、「これでは生きていても仕方ない。死にたい」と叫びながら、手にしたボールペンを麻痺《まひ》している足に突き立て、ベッドの柵に手を打ちつけました。そして、ベッドの周りのカーテンを閉めきり、引きこもってしまったのです。近寄りがたい雰囲気に、病棟スタッフの足も遠のきがちになっていきました。

当時、病棟の主任看護師だった私は、気持ちが少しでも楽になればと、努めてその方のもとに出向き、麻痺した足をマッサージしました。するとある日、「俺《おれ》の人生って何だったんだろう」とつぶやき、見れば涙が頰《ほお》を伝っています。

「自分がこんな病気になるとは思いもしなかった。何にもできなくなるなんて、たまらんやろ」と言うので、私が「そうですね。ボールペンを突き立てたくなるような気持ちなんですね」と返すと、「そうや。こんな足、俺の足やない。それに、こうやって突いたら足に感覚が戻るかもしれんやろ」と。

しかし、そのあとで「あんたにさすってもらったら、なんとなく温かい感じがする。血が通っているんやなって、そんな感じもするんや」と言ってくれました。そして、その日から少しずつ、これまでの人生や、つらい胸のうちを話してくれるようになりました。

ある日、「奥さんは毎日、よく通ってこられますね」と投げかけてみました。すると、「うちのんは、いて当たり前やったけれど、いまは本当にありがたいと思うてる。毎日一時間もかけて来てくれるし、こんな情けない姿になった俺を見捨てずにいてくれる」と言ったあと、「それに引きかえ、俺はあいつのために何かしてきたやろうか」と、自分に問いかけるように言うのです。それを聞いて私は、なんだか胸が熱くなり、「そう思われるんでしたら、そのお気持ちを、そのまま奥さんに話されたらどうですか?」と勧めました。

数時間後、病室を訪ねると奥さんが来ていました。私が入っていくと、奥さんに向かって「さっき、看護師さんに気持ちを聞いてもらったら、少し心が落ち着いたよ」と笑顔で言うので、「奥さんに伝えたいことがあるんですよね」と水を向けてみました。

ご主人は、照れくさそうに何度か深呼吸をして、「こんな身体《からだ》になって情けなくて、ついおまえにも当たってしまった。ごめんな。こんな俺を見捨てずにいてくれて、感謝してるよ」と言いました。すると奥さんも、「何を言ってるの。私のほうこそ、あなたが必要なのよ」と。お互いに涙声です。

この病室は、いわゆる大部屋でした。これまでの日々、周りの皆さんは何も言わないながらも彼のことを心配し、見守っていたのです。ですから、奥さんや私がカーテンを開けて出てくるたびに、何とも言えない優しい視線で、無言のうちにたくさんのことを話しかけてくるのが常でした。

そんなある日、奥さんが「あなた、ちょっとカーテンを開けてみませんか?」と言いました。半分ほどカーテンを開けると、ご主人は周りのベッドを見回し、恥ずかしそうに会釈をしました。

カーテンを開けて目に入ってきたのは、思いもしない世界でした。同室の中高年男性は皆、彼と同じ肺がんです。歩けない人もいます。しかし、それを補うべく、孫の手を伸ばして必要な物を引き寄せたり、工夫して自分で髭《ひげ》を剃《そ》ったりしていました。

びっくりしている様子に、私は意地悪く「お髭は伸ばす派ですか？」と声をかけてみました。入院してから、身なりなど全く構っていなかったので、二、三センチも髭が伸びていたのです。

「いや、家では毎日ちゃんと剃っていたよ」と言うので、「それじゃあ、奥さんが来られたら一緒に剃って差し上げましょうか」と言うと、「充電してへんわ」とか、「うちのんに連絡してもらわんと」と、急に慌てた様子です。その後、面会に来た奥さんと私で、さっぱりしていただきました。

翌日からは「足はだめだけれど手は使える」と、自分でシェーバーを当てるのが日課となり、「もっと自分でできることはないか」と探すようにもなりました。ベッドにいながらにして必要な物を手に取れるようにと、奥さんは一枚の布にたくさんのポケットを縫いつけた物入れを作ってくれました。そして、それをベッドの柵に取り付けたころには、同室の方々と明るい会話を交わすようになっていました。

時には、誰かが「今日はキャッチボールだ」と声をあげ、ベッドの上を軟らかいゴムボールが飛び交う日もありました。そんな姿に、奥さんは「同室の方が普通に接してくださるのが本当にうれしい。皆さんと一緒に生き生きして……」と、涙をいっぱいためていました。

ある日、同室の方が「奥さん、毎日来てくれてるんやから、そこの公園でデートでもしてきたらいいやん」と言いました。「えーっ、デート？」と驚くご主人に、奥さんは「ええやん、行こうよ」と。

ご主人が「それやったら帽子もいるし、羽織るもんもいるやんか」と言うと、すかさず奥さんは「靴もいるなあ」と返し、「そうやなあ」とご主人。「あの靴、家から持ってきてや」と言う声が弾んでいました。

翌日、ご主人は「ほな、デートしてくるわ」と、同室の皆に声をかけました。車いすに乗り、ちゃんと靴も履いています。「ええなあ。俺も行きたいなあ」。そんな声がかかりました。

とても天気のいい日でした。私は一階まで付き添い、奥さんに車いすを押すコツをお教えして送り出しました。行き先は、病院のすぐ東側にある公園です。

花いっぱいの公園に着くと、奥さんが車いすの足置きを上げ、ご主人は足を地面に下ろしました。すると「大地を踏みしめている気がする」と、何ともいえない笑顔で言ったとか。やがて病室に戻ってきたご夫婦を、同室の皆が拍手でお出迎え。そんな光景に、私は訳もなく感動しました。

二人だけのデートは、その後も毎日、病状が進行してからも続きました。そして半月ほどのち、奥さんに見守られ、ご主人は静かに息を引き取られました。


（二〇一五年一月）

第二章

親のこころ

母の日のプレゼント

伊藤芳正《いとうよしまさ》（幅下《はばした》大教会長）

私たち夫婦は結婚して二十五年になります。その間、私は妻に対して「もっと優しくなってほしい」と思い続けて、今日に至っています……もちろん、そんなこと、口には出せませんせんが。

私に限らず多くの人は、このように人から優しくされたい、大事にされたいといった、他人に〝求める心〟を持っていることと思います。

巷《ちまた》でよく「ギブ・アンド・テイク」という言葉が使われます。人に与えるという意味の〝ギブ〟と、人から与えられるという意味の〝テイク〟。この二つのうち、私たちは普通〝テイク〟、すなわち、たくさん与えられることを望み、それでこそ豊かな人生であると考えるのではないでしょうか。

つまり、労力はなるべく少なくして、たくさんのものを得られる人生こそ最良であり、ギブは少なくテイクの多い人こそ、人生の勝利者であると。しかし果たして、そうなのでしょうか？

もうずいぶん前になりますが、母の日にまつわる、こんな思い出があります。

わが家は女の子ばかり四人の子供に恵まれました。上の二人を授かったあと、五年たってから三番目と四番目が生まれたので、長女と次女、三女と四女というように、自然と二つのグループに分かれ、いつも二人ずつが仲良く遊んでいるといった様子でした。

ある年の母の日、上の二人の娘が、お母さんにプレゼントするサンダルを買ってきました。部屋できれいにラッピングをして、メッセージを書いていると、三番目の娘がそれを見つけて「お姉ちゃん、私も仲間に入れて」と言いました。

するると、お姉ちゃんたちは「あなたはお小遣いを出してないからダメ！」と、なんともつれない返事です。ところが、小学校に入ったばかりの三女も負けてはいません。「ふん！」とお姉ちゃんたちに見切りをつけると、妹の四女を連れて、私の母、おばあちゃんのところへ相談に行きました。

「おばあちゃん、今日は母の日だよね。学校の先生がね、今日はお母さんにプレゼントをあげる日だって言ってたよ」

するとおばあちゃん、孫かわいさに五百円玉一つを渡したのです。


その日は夕方から、あいにくの雨模様でした。雨脚は徐々に激しくなり、ついにはバケツをひっくり返したような大雨に。しばらくすると、天地を引き裂くような強烈な雷も鳴り始めました。

わが家でも、窓を閉めたり洗濯物を入れたりと、大慌てだったのですが、ひと息つくと、下の娘二人がいないことに気づきました。いままで黙って出かけたことなど一度もありません。近所中、妻と必死になって捜しました。よく遊びに行く川や公園などにも行きましたが、どこにも姿が見当たりません。

どんどん日は暮れていき、やがて真っ暗になったころ、玄関の戸が力なく開きました。そこには、全身びしょ濡《ぬ》れになった娘二人の姿がありました。

私と妻は急いで駆け寄りました。妻は、いきなり「どこ行ってたの！」と大きな声をあげました。雷雨のなかをようやく家までたどり着いたら、さらに大きい雷が……。娘たちは震え上がって、大きな声で泣きだしました。

「こんなに濡れて。すぐに脱ぎなさい！」

幼稚園の末娘は言われるまま、すぐ裸になったのですが、三女のほうは濡れた服をなかなか脱ごうとしません。何かを隠し持っているのか、右手をかたくなにトレーナーのなかに入れたまま、立ちすくんでいます。

とうとう業を煮やした妻が、「まったく、強情な子ねえ」と、トレーナーの裾《すそ》に手を掛けて脱がせたその瞬間、一輪のカーネーションが宙に舞い、足元に落ちました。

妻も私も呆然《ぼうぜん》とし、一瞬、時が止まったように感じました。妻が拾い上げると、そのカーネーションには短冊が付いていて、ひと言メッセージが添えてありました。

「おかあさん、いつもありがとう」

おばあちゃんからもらったお小遣いで、お母さんをビックリさせたい、喜ばせたい一心で、三女は妹を連れ、みんなに内緒でそっと家を出て、プレゼントを買いに行ったのです。

わが家から一番近い花屋さんでも、子供の足では優に一時間はかかります。帰り道は突然の大雨と雷で、ずいぶん怖い思いをしたでしょう。そのなかを二人で泣きながら、トボトボと帰ってきたようなのです。

「バカだねえ、あんたたちは……」

見ると、妻はうれし涙を流しています。そして、びしょ濡れの娘たちが風邪をひかないように、急いでお風呂場へ連れていきました。

その夜、子供たちは疲れ果て、すぐに寝つきました。私と妻は、上の二人の娘がくれたサンダルと、下の二人の娘がくれたカーネーションを眺めて、「親に喜んでもらいたい。そんな、人に尽くす心を持った子供に育ってくれた」と、心から豊かな幸せを味わいました。


明くる朝、娘たちに「お母さんなあ、昨日の夜、涙流して喜んでたぞ」と言うと、「やったあ!」と、実に誇らしげに喜びを表現しました。

その姿を見て思いました。子供にプレゼントをもらった親はもちろん幸せだけれども、プレゼントをした当人たちのほうが、それ以上に心豊かになるのだと。

与えられるよりも、人に与え、尽くすという喜び。その先に本当の幸せがあると、娘たちに教えられたのです。


(二〇一一年五月)

真心の絵本

村《むら》田《た》良《りょう》子《こ》（城都《じょうと》分教会長夫人）

「宝物」。この言葉から、あなたは何を想像されるでしょう。

家族、健康、社会的地位、あるいは財産。形あるもの、形のないもの――。人間の価値観は千差万別です。今日は、私の大切な宝物の一つである「手作りの絵本」のお話をします。

私には、この春から高校三年生になった娘と、高校一年生になった息子がいます。二人がまだ幼いころ、私は入院したことがあります。病気だったわけではありません。

かねて骨髄バンクにドナー登録をしており、骨髄移植が必要な患者さんの白血球の型と、私の白血球の型が遺伝子レベルで一致したので、骨髄液を分けて差し上げることになったのです。

適合の通知を受けてから実際に入院するまでは、個々の事案によって異なりますが、通常数カ月を要します。この間にさまざまな健康診断や検査があります。主人は私の身体《からだ》の心配をしつつも、理解を示し、何かと協力してくれました。

当時、娘は小学一年生、息子は五歳でした。理由はどうであれ母親の入院は、子供たちにとっては一大事です。三泊四日の入院でしたが、子供たちにどのように伝えるか、どのタイミングで伝えるかが悩みどころでした。精神的なサポートが必要になるかもしれないので、関わってくださる大人の方たちにも、よく事情をお話ししなければと思っていました。

息子がお世話になっていた保育園では、園長先生と看護師の先生にお話ししました。看護師の先生は三十代の女性で、日ごろから子供たちに優しく接し、子供の体調が心配なときには親身に対応してくださる方でした。そんな先生のことが、子供も私も大好きでした。

骨髄移植をすれば命がたすかるかもしれない。この治療にかける患者さんやご家族の思いは、私たちの想像をはるかに超えています。自分がお役に立てるなら、できる限りの協力をさせていただきたい、そんな思いを先生方にお話ししました。そして入院中、子供のことをどうぞよろしくお願いしますと、お伝えしました。

話が終わり、帰ろうとしたとき、目に涙をためた看護師の先生に呼び止められました。

「ママが入院することを、どのようにお子さんに伝えるのですか?」

突然の予期せぬ質問でしたが、私は「実は、まだ考えがまとまりません。でも、世の中には病気で苦しんでいる人がいることや、毎日元気に暮らせるのは当たり前ではないことなども、まだ五歳では分からないかもしれないけれど、私なりの言葉で伝えてみようと思います」とお答えしました。

看護師の先生は、「私にお手伝いさせてもらえませんか。一週間くらい時間を下さい」とおっしゃいました。このときは先生がどんなことを思いつかれたのか、全く分かりませんでした。

ちょうど一週間くらいたった、ある日のことです。

「お待たせしました! やっとできました。良かったらこれを、お子さんに伝えるときに役立ててください」

そう言って手渡してくださったのが、一冊の手作りの絵本でした。A4サイズで四ページ。各ページが三枚の紙をのりで貼《は》り合わせてあって、しっかりとした作りになっています。

表紙にはニコニコ笑顔のお父さんとお母さん、そして同じく笑顔の女の子と男の子のイラストが、マジックと色鉛筆で丁寧《ていねい》に描いてあります。後日、「村田さんの家族のイメージを、そのままイラストにしました」と教えてくださいました。タイトルは

「ありがとう。いのち」。

この表紙を見ただけで、私は胸がいっぱいになり、目頭が熱くなりました。先生は早朝から夕方、時には夜遅くまで保育園で仕事をし、家に帰れば主婦として家事も忙しくこなしていることでしょう。そのようななか、私と子供のために時間を割いてくださった心がうれしくてありがたくて、胸がつまりました。

ページを開いて、さらに驚きました。幼児にも分かる優しい言葉や表現を使い、小学一年生の娘にも読めるように、すべてひらがなで書かれています。そして、文章に合わせた手描きのイラストが、ふんだんに盛り込まれています。なんと温かい、心のこもった贈り物でしょうか。あまりにうれしくて言葉を失うほどでした。

さっそくその夜、子供たちに読み聞かせました。最初は楽しそうに聞いていましたが、「ママはこれから、骨髄をあげるために病院にお泊まりをします。三回お泊まりしたら、おうちに帰ってきます」というくだりで、子供たちの表情が一変しました。

二人の目には涙が浮かんでいました。しかし、そのたまった涙は、決して流れ落ちることはありませんでした。我慢することで、人をたすけようと挑む母親を応援しよう。力のこもった目元に、そんな決意を感じました。

絵本のおかげで、元気に過ごせることがとてもありがたいということや、病気はとてもつらいということ、でも、たすけ合う心があれば乗り越えられるということを、温かく、未来に希望の持てるお話として伝えることができました。看護師の先生の、人を思う真心と素晴らしい感性が形になったこの手作り絵本は、いまでも私の大切な宝物の一つです。

この真心の絵本は、のちに心ある方の目に留まり、印刷・製本されることになりました。見知らぬ誰かのいのちを救おうと協力し合う、ある家族の物語として形を変え、新たな冊子として生まれ変わったのです。医師の医療監修により、文章の表現も改良され、現在、神奈川県内の骨髄バンクドナー登録会などで広く社会に配られています。

わが子に、思いやりのある優しい人になってもらいたいと願わない親はいないでしょう。しかし、「人に優しくするのよ」と言葉だけで伝えても、子供の心には響きません。人の悲しみを心から悲しみ、人の喜びを自分のことのように喜ぶ、そんな豊かな心を育《はぐく》むのは、容易なことではありません。子供はじっと大人を見ています。良くも悪くも、大人の行いから学んでいくのです。

術後はおかげさまで、あっという間に日常の生活に戻ることができました。すてきな先生に出会い、優しさを教えていただいたこの経験は、私の宝物です。形ある宝物と、健康であるという何にも代えられない宝物に恵まれて、今日も生かされています。楽しい、うれしい毎日です。

（二〇一六年七月）

赤いランドセル

金山雄大《かなやまたけとも》
（淀《よど》分教会長）

私は七人の子供の父親です。上から順番に女の子が六人、そして七番目が男の子です。私たち夫婦は、子供たちにはどのようなことも喜べる人に育ってほしい、何でも当たり前になってしまわないよう、いつも喜びと感謝の心を忘れずに過ごせる人になってほしいと願って接してきました。

いまから十五年前、私たち夫婦にとって初めての子供である長女が、小学校に入学するときの話です。

ピカピカの新一年生。わが家の第一子。両家の祖父母にとっても初めての孫です。その子の小学校入学ということで、夫婦の間で子供に持たせるランドセルをどうするかという話になりました。その結果、新しいものは買わずにお古でいこうということになり、入学の二、三カ月前から妻が知人や親戚《しんせき》などに、古いランドセルがないかと声をかけていました。

保育園では、周りの友達が次々と「ランドセルを買ってもらった！」という話題で盛り上がるなか、入学式を目前にしてもランドセルのない長女は、口には出さないもののの、内心「私のランドセルはどうなるのかなあ」と、不安だったのではないかと思います。

そんななか、新聞の「さしあげます」のコーナーで、「新品同様のランドセル・無料」との記事を見つけてくださった方があり、その中古の赤いランドセルを頂けることになりました。

届いたランドセルを見て、不安でいっぱいだった長女は目を輝かせ、小躍りして喜んでいました。そして学習机は、かつて私の妹が使い、その後は妻がミシン台にしていたものを使うことにしました。

さあ、これで入学の準備も整ったというときに、妻の生家の両親が「ランドセルを小学校入学のお祝いにさせてもらいたいから、気に入ったものを買ってあげて」と、わざわざお金を送ってくださいました。

「せっかくだけど、ランドセルは頂けたのだから、何かほかの品物を……」と、夫婦で相談したものの、お二人の思いを考えると、なかなか決断ができず、私の両親に事の由《よし》を伝えました。

黙って聞いていた両親は、「あんたらの気持ちも分かるけど、おじいちゃん、おばあちゃんとしての、してあげたい気持ちも大切にさせてもらったらどうや」とアドバイスしてくれました。

その言葉を聞いて、ハッとしました。私の両親にとっても、かわいい初孫。きっと、新しいランドセルを買ってやりたいと思いながら、私たちの姿を見守ってくれていたのだと思います。

どうしたらいいかと悩み続けていた私に、妻が「いいことを思いついたよ」と語りかけてきました。

「いまはもう時期的に半額セールをしているから、思いきって新しいものを買わせていただいて、それで学校へ行ったらいいんじゃない？」

「頂いたお古のランドセルは、どうしよう」

「新しいランドセルは何カ月かだけ持たせて、それからは頂いたお古に替える。そして、二年後に入学する次女にも、数カ月だけ新しいランドセルを持たせて、その後はお古に替える。そうやって三女、四女へと回していけばいいんじゃない？」

「なるほど。それなら、お父さんとお母さんの思いも生かせるね」

私も大きくうなずきました。

こうして、入学式を終えたその足で新しいランドセルを買いに行くことになりま

した。まさか新しいランドセルを買ってもらえるなどと思ってもいなかった長女は、

「本当にいいの？」と、何度も何度も尋ねてきました。

近くのデパートのランドセル売り場で、残り少ない品数のなかから、お気に入りのキャラクターが入った真っ赤なランドセルを見つけて手にした長女は、「やったー！」と飛び上がりました。それはそれは大変な喜びようでした。

次の日から真っ赤な新しいランドセルを背にした娘は、満面の笑顔で元気いっぱいに登校していきました。その姿をカメラで撮り、出来上がった写真に、今回のランドセル購入のいきさつをつづった手紙を添えて、妻の両親に報告したところ、「姉妹みんなが新しい状態のまま、ずっと使い続けてくれるとは、これほどうれしいことはない」と、心温まるお返事を頂きました。

妻は最初の数カ月、長女がランドセルを下ろすたびに「もっと丁寧《ていねい》に！　傷つけないように！」と注意をしていました。私は「これでは、学校へ通う主人公は娘なのか、ランドセル様なのか、分からなくなるなあ」と、その様子を眺めては笑っていました

が、これも、あとに続く妹たちに少しでもきれいな状態でランドセルを残してやりたいという、妻の母親としての思いだったのでしょう。

新しいランドセルをお古のランドセルに替えるときには、どの子にも「きれいなランドセルを使えてうれしかったでしょ？　だから今度、妹が小学校へ行くときにもきれいなランドセルを持てるように、置いといてあげようね」と伝えました。そうすると、どの子も「うん！　きれいなまま置いといてあげないとね」と、小さいながらも、人を思いやる姿を見せてくれました。

その後、ランドセルは長女から六女まで、ずっと引き継がれていきました。十五年がたち、さすがにピカピカというわけにはいきませんが、六人姉妹の感謝と喜びの日々とともに、いまもわが家で光り輝いています。

（二〇一五年六月）

お日さまとお月さま

芝《しば》 理子《のりこ》（はるれひ分教会長夫人）

私は天理教の教会に嫁いで、六人の子供の母親になりました。上と下が男の子で、真ん中の四人は女の子。それだけ女の子が集まれば、とても賑《にぎ》やかです。息子たちも、女性陣に感化されておしゃべりになり、家族みんなで話に花が咲く楽しい毎日を過ごしています。

いまでは六人とも無事に成長してくれましたが、長男を授かったときには、初めての子育てに不安いっぱいでした。そのとき、父親と母親の役割について、主人と取り決めのように申し合わせたことがあります。それは、主人がお月さまの役割を、私はお日さまの役割を、それぞれ全《まっと》うしようということでした。

家庭のなかのお日さま、それはお母さんの笑顔です。

一日の初めに気になることといえば、何といってもその日の天気です。うちの子供たちも、学校へ行く前に必ず聞いてきます。

「お母ちゃん、今日は一日中お天気なん？　傘いる？」

もしお日さまが明るく輝いていたら、学校の行き帰りも楽だし、遊びにも好都合。自然と気分もウキウキしてきます。

家庭で、そのお日さまの役割を担うのがお母さんです。朝一番に、お母さんが笑顔で元気よく「おはよう！」と声をかければ、それだけで家庭の雰囲気は明るくなります。子供たちもニコニコと、元気よく学校へ飛び出していくでしょう。そして、お父さんも勇気百倍、仕事へのやる気がみなぎってきます。

お母さんが笑顔でいれば、その日一日、家族は幸せに包まれ、楽しく過ごすことができる。これがお母さんの一番大切な、お日さまとしての役割です。

では、お父さんの、お月さまとしての役割とは何でしょう？

日中、姿を隠しているお月さまは、お日さまほど目立つ存在ではありません。朝起きて、お日さまが出ているかどうか気になるのに比べて、夜遅くなってから「今日はお月さんが出てるかな？」と外を見る人は、それほど多くはないでしょう。満月の夜なら別ですが、普段はあまり気に留めません。

わが家でこんなことがありました。その日、子供が学校から帰ってくると、私は外出中で主人が一人、留守番をしていました。すると子供は開口一番、「お父ちゃ〜ん、今日はだ〜れもいてへんねんなあ」と。

あれ？　お父さんいるのに……。主人の残念そうな顔が浮かびます。

しかし、普段はこんな様子でも、いざというとき、お父さんは大切な役目を果たします。

街灯のない、暗い夜道を歩くことを想像してください。何が頼りになるでしょう？　そう、お月さまです。普段は気にも留めないお月さまが、暗闇《くらやみ》のなかを真っ白い光で照らしてくれます。この光のおかげで、迷わずに歩いていけるのです。

お父さんは、まさにこのお月さまです。子供たちにやがて訪れる、進学、就職、結婚などの人生の節目。その迷うであろう大事な節々に、子供たちの行く先に明るい光を当てて、たどるべき道筋を示すのが、お父さんのお月さまとしての役割です。

わが家では、子供たちが小学生、中学生のころまでは、学校の行事には私が参加をして、高校生になり進路相談をするときには、必ず主人が出かけてくれます。子供たちはそんな主人を、いざというとき頼りになる存在として尊敬してくれているようです。

私が子育てをするなかで一番に心掛けたのは、お日さまのように、できるだけ明るい笑顔でいること。そして、もう一つは、いろんな工夫をして料理をすることです。

教会には、私たち家族だけでなく、住み込みさんやお預かりしている学生さんも含めて、多いときで二十人ほどが住んでいます。その人数分の食事を作るのは大変なことですが、たくさん作れば作っただけ、みんながおいしそうに食べてくれたときの喜びも大きいものになります。

賑やかな教会生活に私がすんなりとなじめたのは、育った環境のおかげだと思います。私は富山県で、七人きょうだいの末っ子として生まれました。男ばかりが次々に生まれて、七人目にしてようやくできた女の子が私です。さぞや、箱入り娘のように大事に育てられたのではと思われるかもしれませんが、実際はその反対。兄たちの子分のような存在でした。

兄たちが魚釣りをするといえば、餌《えさ》を持って一番後ろをくっついていったり、すぐ上の兄が柔道を始めれば、稽古《けいこ》相手になって散々投げられたり。まるで男の子のように育ちました。そのおかげで、ちょっとのことではへこたれない、たくましい女の子になりました。

そんな故郷での生活に思いを馳《は》せるとき、真っ先に思い浮かぶのは母の笑顔です。日本海に面した私の故郷は、どんよりと曇った日が多いのですが、その雲を吹き飛ばしてくれたのが母の見せる笑顔でした。

冬になると寒くて寒くて、布団から出るのも嫌になり、おまけに雪が降り積もってきます。そうなると、朝一番の子供の仕事は雪かきです。

起き抜けに玄関が雪で埋もれているのを見ると、「あ～あ、今日も雪かきかぁ……」とため息が出て、いつもグズグズしていました。そのなかを、母が先頭に立って「さあ、やるよ！」と、元気よく飛び出していくのです。

すると、私の心のなかの曇り空が一転、穏やかに晴れ上がって、「私も頑張らなくっちゃ！」と不思議に元気が出たものです。母の笑顔は、雪雲に隠れているお日さまの代わりに、私の心を明るく照らしてくれたのです。

子供にとってお母さんの笑顔は、朝昇ってくる太陽です。その笑顔を見るだけで、なぜか心があったかくなり、勇気が湧《わ》いてきます。

もちろん、いつも機嫌よく、というわけにはいかないでしょう。でも、子供たちのことを考えれば、少し無理をしてでも明るい笑顔をつくることは、どんなに値打ちのあることか知れません。

まばゆいばかりの明るさで照らしてくれる、お日さまのようなお母さん。そして、いざというときにたどるべき道筋を示してくれる、お月さまのようなお父さん。これからも、その役割を果たせるよう、夫婦で歩んでいきたいと思います。

（二〇一〇年十二月）

お母ちゃん

植田《うえだ》ゆり子《こ》（中和《ちゅうわ》大教会前会長夫人）

現在三十六歳になる長男が高校生だったころの、ある日曜日のことです。仲の良い友人が家に遊びに来て、お昼時になったので、一緒にご飯を食べることにしました。といっても、特別なご馳走《ちそう》を作ったわけではなく、冷蔵庫にあった、ありあわせの材料で作ったものを食べてもらいました。

まだ携帯電話が普及していないころでしたので、その友人は食事の前にわが家の電話から自宅に連絡を入れました。電話機は台所に置いてあったので、自然と彼の声が耳に入ってきました。

「もしもし、お父さん？　ちょっと〝お母ちゃん〟に代わって」

初めに電話を取ったのは「お父さん」だということが分かりました。そして、次に彼の口から出た言葉は「お母さん」ではなく「お母ちゃん」。その意外さに少し驚くとともに、私はなんとも言えない、ほのぼのとした気持ちになりました。

子供は成長して、父親を「お父ちゃん」から、やがていつの間にか「お父さん」と呼ぶようになっても、母親に対しては「お母さん」じゃなくて「お母ちゃん」なんだ。子供にとって母親というのはやはり、いくつになっても甘えていたい、特別な存在なのでしょう。


さて、最近は社会生活のさまざまな変化にともなって、男女ともに結婚しない人が増え、結婚の年齢もまちまちですが、私の若いころは「結婚適齢期」という言葉をよく耳にしたものです。

当時、女性の場合は二十四歳くらいが一つの目安になっていたようです。私もその年ごろに結婚が決まり、生まれ育った東京から奈良県へ嫁ぐことになりました。いまから三十八年前のことです。

新婚旅行から帰ると、新しい家族と一つ屋根の下で、新しい生活がスタートしました。第一日目の朝食のときのことです。夫の父が母のことを「お母ちゃん」と呼んだので、ちょっとビックリ。でも、その驚きは安心感に変わりました。

「お父ちゃん」「お母ちゃん」という、いままでなじみのなかったこの言葉が、私の耳にはとても心地よく聞こえたのです。嫁ぎ先も実家も同じ天理教の教会とはいえ、慣れない生活に対する不安がありました。その緊張をほぐしてくれる、ほっこりと優しい言葉の響き。私の心のなかに、何かフワッと温かいものが広がっていくような感じがしました。

そしてそのとき、こう思いました。

「〝お母ちゃん〟っていいなあ……。私も子供ができたら、絶対〝お母ちゃん〟って呼ばせよう」

結婚二年目に長男を出産しました。翌年に次男が生まれ、その後、双子の弟が生まれ、末っ子もまた男の子。残念ながら、女の子はあきらめました。

子育てに追われる多忙な日々のなかで、子供たちも無事に成長していきましたが、「お母ちゃん」と言っていたはずの息子から、ある日突然「おかん」と呼ばれたときには、子育ては想定外のことだらけだと、つくづく思い知らされたものです。

「おかん」と呼ばれるのには、いささか抵抗がありましたが、五人の息子とともに、思いきり泣いたり笑ったり怒ったり、無我夢中で通ったあのころを、いま懐かしく思い出しています。

歳月は流れ、息子たちも上の二人はすでに結婚し、私には現在五人の孫がいます。先に次男が結婚し、誕生した初孫は男の子。残る四人は全員、女の子です。

一緒に暮らす長男の娘三人は、小さいながらとてもおしゃまで、「おじいちゃん」「おばあちゃん」と甘えてくるたびに、女の子と男の子は生まれながらにして、すでに違うなあと感心してしまいます。男の子しか育てた経験のない私には、不思議な空気を感じるときが多々あるのです。

私も年齢を重ね、いまや「お母ちゃん」と言われるより「おばあちゃん」と言われるほうが多くなりました。でも、心の老化だけは、なんとか防ぎたいと思っています。身体《からだ》のほうはある程度、年なりに自然に任せるとしても、心はいつまでも若々しく柔軟でありたいと願います。

明るく元気な心の源は、親神様への感謝の思いと、生かされている喜び。この世界は「親神様のふところ住まい」と教えていただきます。私たちは親神様のご守護なくしては一秒たりとも生きていくことができません。そして、親神様が女性に与えてくださった、生み育ての徳分。低く、優しく、どんなものでも抱きかかえ、吸収していく大地のような「お母ちゃん」の心……。

どんな人も皆、一人の母から生まれています。人間以外の動物も同じです。親、子、孫、きょうだい、そして夫婦。家族とは、いんねんある者同士を親神様が結んでくださった、強く尊い絆《きずな》なのです。
親神様の一番のお望みである「陽気ぐらし」に向かって、家族がたすけ合い、心を合わせて進んでいきたいものです。

（二〇一四年四月）

いつまでも娘

柴本《しばもと》みどり（森之里《もりのさと》分教会長夫人、山名《やまな》幼稚園前園長）

昨年の秋、私は左手首を骨折してしまいました。現場は私が園長を務める幼稚園の職員室。人よりも背は小さいけれど、横に大きめの私は、いつも周りに「こんなふうにしちゃだめだよ」と注意するようなやり方で、高いところの窓を開けようとして、いすから転落してしまったのです。

引いていく血の気、流れ出る冷や汗、ジワジワと襲ってくる痛み。その場に居合わせた先生たちの「園長先生、やっちゃったねえ」と言いたげな表情。「あぁ、やってしまった……」と深く反省しました。

すぐに病院へ行き、レントゲンを撮りました。お医者さまからは、できれば聞きたくなかった「見事に骨折していますね」の言葉。自分の粗相で起きたことながら、とてもショックでした。

その後、金具で固定する手術を受け、ギプスをして、手首が下がらないように右手で左ひじを支える生活をしていました。

普段から丈夫で通っている私の、めったにお目にかかれないその様子に、ご近所の方たちからは「骨を折ったの？　その年で骨粗鬆症《こつそしょうしょう》じゃないの？」と冷やかされ、「いったい何をしたの？」と聞かれ、かけられる言葉は慰めではなく質問ばかりでした。そのたびに「恥ずかしながら、子供たちに『してはいけないよ』と言っていることを自分がしてしまって、この始末です」と答えていました。

さて、退院して間もなく、近くにいる実家の母が訪ねてきました。母は、ギプスでがっちり覆われた大層な私の左腕を気の毒そうに見て、こう言いました。

「私は娘たちのことを毎日、神様にお願いしてきたけれど、あんたのことだけは願っていなかった。本当に悪かったね。これからは、ちゃんとお願いするからね」

私はいささかびっくりしました。「ちょっとは痩《や》せなきゃだめだよ」と言われるのは慣れているけれど、まさか母から「ごめんね」と言われるなんて……。

母は、遠くにいる姉や、心配事を抱えている妹たちのことは、神様に毎日お願いしていたけれど、近くに住んで、元気に動き回っている姿を毎日のように見かける私のことは何も心配していなかった。それが迂闊《うかつ》だったと言うのです。

私自身の失態が招いたけがを、自分の責任のように詫《わ》びてくれる母の思いがけない言葉。孫もいて、あと少しで還暦に手が届くような私のことを、そんなふうに思っていてくれたことに、本当に頭が下がりました。いくつになっても子供のことを案じない親はいない、とはよく聞く言葉ですが、「神様にお願いしていなかった私のせい」と思う母のその温かい心に、ありがたい気持ちが込み上げてきました。

普段、ろくに親孝行もできず、むしろ「お母さん、転んだら大変なんだから、慌てないで！」などと、冷ややかに忠告するのが関の山の私は、八十歳を過ぎ、父の世話をしながらか細い身体《からだ》で頑張っている母に慰められ、いたわられ、すっかり忘れていた子供の気持ちを素直に味わいました。

その後、母の祈りのおかげもあり、私の手首は術後の経過も良く、握力の回復も早くて、お医者さまにも「よく動かしていますね」と褒《ほ》められました。

先日、娘たちにこの話をしたところ、「さすが、おばあちゃん。お母さんって幸せだね！」と、母のことを大絶賛。私は娘に肩をポンと叩《たた》かれ、「お母さんもぜひ、そうなってね」と言われてしまいました。

どうやら、わが娘たちは知らないようです。

「実は私も、あなたたちのことを、神様に毎日お願いしているんだよ」

そう心のなかでつぶやきました。

（二〇一一年六月）

父母たちの声

郷内満寿《ごうないます》（焼津西《やいづにし》分教会長夫人）

私は四十一歳のとき、初めての子供を授かりました。家族はもちろん、私を知る人たちも驚いて、大勢の人が共に子供の誕生を楽しみにしてくださいました。

元気に生まれた子供は、すくすくと成長していきました。大人ばかりのなかで育ったせいか、小さいころから語彙《ごい》が豊富で、みんなをよく笑わせてくれました。

小学校に入ったころ、周りの若いお母さんたちに少々引け目を感じていた私に、「よそのお母さんはヒヨコ。うちのお母さんはニワトリになっているから、頼りになる！」と、気の利いたことを言ってくれました。その息子も、いまは高校生です。

昭和三十年九月、私が生まれたとき、父は出張中でした。翌日帰宅した父を、澄ました顔で出迎えた母。しばらくして、父は母のへこんだお腹《なか》をしげしげと眺め、初めて私が生まれたことを知ったのでした。

五番目の子供ともなると、こんな感じで感動話などはありません。しかし、幾度となく聞かされたこの話は、なんとなく面《おも》はゆくもありますが、両親の子供であることを実感できる話でもありました。

それにしても、自宅出産とはいえ、翌日から起きていたという母には驚きで、自分のことに置き換えると目まいがしそうです。

父はワンマンで亭主関白、気難しいところもありました。七十五歳のとき、脳梗塞《こうそく》で入院し、母がずっと付き添っていました。ところが、父が退院する日の朝、今度は母が心筋梗塞で手術を受けることになったのです。

父は後遺症もなく、毎日バイクに乗って母の病室へ通いました。病み上がりの父にとって、母のいない家は、きっと寂しかったのだろうと思います。

仕事を休んで両親の世話をしていた私に、「娘がいてくれて本当に良かった。たすかった」とポツリ。それまでの父からは想像できない言葉に、父の意外な一面を垣間《かいま》見たようでした。そして、これからは子供である私たちが、親を守っていく立場に変わったことを実感したのです。

母も順調に回復し、それから数カ月後、父は所用で東京へ出かけることになりました。その朝、駅まで送っていく車中で、助手席の父は、たびたび大きな深呼吸をしました。「フゥー」という、それまで聞いたことのない長い息が気になったのですが、その二日後、父は突然、息を引き取ったのです。

父の死から半年ほどたち、家のなかも落ち着いたころ。父が亡くなったことと、母の病気が心配で結婚を前向きに考えられない私に、母は言いました。

「そばにいてくれるのはうれしいけれど、お嫁に行ってくれたらもっとうれしいわ」

すでに三十五歳になっていた私を、心配するのも無理はありません。この母の言葉に背中を押された私は、縁あって嫁ぐことになりました。

海のない奈良県から嫁いだのは、駿河湾《するがわん》越しに富士山が眺められる静岡県焼津市《やいづし》。最高のロケーションと、海の幸、山の幸に恵まれた自然豊かな土地が私を迎えてくれました。

両親と祖母との同居生活で、ユニークな家族に驚いたり、笑ったり感心したり。母の仕込みが良いせいか、この家の男性は、とにかくこまめに家事を手伝います。

父は心づかいもこまやかでした。新婚旅行に行けず、近場へ出かけることにした私たち夫婦に、その日、母は朝早くからお弁当を作ってくれました。それを見た父は「嫌がらずに持っていってやってね」と、こっそり私たちに耳打ちしてくれました。

初めて母に作ってもらったお弁当には、全面が海苔《のり》で巻かれたおにぎりと、甘辛味の玉子焼きが入っていて、とてもおいしかったのを覚えています。

母は料理上手《じょうず》で、人に振る舞うのが大好きでした。大きな声で威勢が良く、早寝早起き。ズバッとストレートな言葉はいつも刺激的で、家族は母の指示通りに生活していました。

私の作った料理がおいしいときは、恥ずかしいくらいに褒《ほ》めてくれます。いま一つのときは「まずいねえ。調味料ケチってるみたい。この味じゃあ焼津の人には喜んでもらえないよ！」といった具合です。

気がつくことがあると、本人に直接注意するタイプで、これはなかなか真似《まね》できません。母との生活は五年余りでしたが、本当にたくさんのことを教えてもらいました。

平成八年十二月。私に息子が生まれた日、母は体調を崩して入院していました。主人は、生まれたばかりの赤ん坊と、まだ分娩《ぶんべん》台にいる私のコメントをビデオに撮り、母のもとへ走りました。

母は無事に生まれたことに安堵《あんど》し、「名前は一平《いっぺい》だって」と、生まれる前から決めていた子供の名前を付き添っている父に言ったそうです。そして翌日、六十三歳の誕生日を目前に、息を引き取りました。

天理教では、身体《からだ》は神様からの「かりもの」であると教えていただいています。人の死は悲しいことですが、それは古い着物を脱いで新しい着物に着替えるようなもので、また新しい身体をお借りして、この世に生まれ替わってくる。すなわち、死とは「出直し」であると教えていただきます。

その教え通り、母は苦しい息のなか、身体を起こしてもらい、手を合わせて「神様、ありがとうございました」と、これまで身体をお借りしたお礼を言って出直していきました。

いつか迎えるそのときに、私はきっと、この母の最期を思い浮かべるでしょう。そして、母のようにできるかどうかは、これからの私自身の日々の通り方にかかっているのだと思います。

最後に会ったとき、母はベッドの上で「頼むね」とひと言、私に言いました。その母の言葉に応えられているかどうかは分かりませんが、父母たちからたくさんのことを教えられ、学んだことが、いま私の心の力になり、支えになっています。本当に、父母たちに感謝です。

いまの私たちがあるのは、間違いなく親のおかげです。その親の心を次の世代へつないでいけるよう、日々歩んでいきたいと思います。

（二〇一二年七月）

母の温もり

中本《なかもと》恭行《やすゆき》（都京《ときょう》分教会前会長）

私は長年、保護司として犯罪に手を染めた子供たちの更生のお手伝いをさせてもらっている。軽微な犯罪から、集団暴行事件や麻薬の使用・密売に至るまで、罪の重さは違えど、会ってみれば皆ごく普通の少年少女。あいさつもできるし、冗談だって言い合える。そのギャップに驚くばかりだが、あどけない顔の裏側に、複雑な生《お》い立ちや家庭の事情を抱えている子が実に多い。

数年前、詐欺《さぎ》罪を犯した女の子を担当することになった。長髪で笑顔のすてきな、かわいらしい子だった。

十歳を過ぎたころから母親と折り合いが悪くなり、以来、あまり家に寄りつかなくなった。繁華な街に出入りするようになり、彼女と同じように家庭に問題を抱えた少年と知り合い、同棲《どうせい》を始めた。そして、お金に困った揚げ句、二人で共謀《きょうぼう》し詐欺事件を起こしたのだ。

出所してから更生施設に一年入り、ようやく一人暮らしの許可が下りると、私の近所にアパートを借りて新しい生活をスタートさせた。

彼女は、もう何年も母親と音信不通の状態が続いていた。刑務所にいる間も、父親としか面会していない。

「お母さんの顔は見たくない、声も聞きたくない」と言う彼女に、私は手紙を書くことを勧めた。何度かやりとりがあり、そのうち携帯のメールで連絡を取り合うようになった。時間はかかったが、徐々にわだかまりは解けていき、両親と一緒に食事するまでになった。久しぶりの家族団欒《だんらん》のひと時。その様子を、彼女は笑顔で私に話してくれた。

やがて保護観察の期間が終わるころ、彼女は、自分の過去の過ちをすべて受けとめてくれた男性と結婚し、いまでは幸せな家庭を築いている。

罪を犯す子供たちの裏側にある複雑な家庭環境。そのもつれた糸をほどいた先に、更生への道があるのなら、その子は果たして加害者なのか、それとも被害者なのか、考えさせられる。

現在私が担当している保護観察中の二人の若者は、共に幼いころ、親を病気で亡くしている。不意に拠《よ》り所を失い、心に隙間《すきま》ができてしまったのだろうか。そのようなケースは、ほかにいくらでもある。

親子というのは、共に生きる関係にある。親の行いや心の動きは、必ず子供の心に合わせ鏡のように映り込んでいく。親の喜びは子供の喜びとして、また親の不足の心も、子供に良くない影響として映っていく。この関係は、当人が望もうと望むまいと変わらない。

かく言う私も、一歳半のとき母を亡くしている。弟を出産したと同時に胎盤剝離《はくり》に見舞われ、そのまま息を引き取ったのだ。ゆえに、母の記憶は全くない。

残されたのは一歳半の私と、生まれたての弟。天理教の教会長をしている祖母と布教熱心な父は、忙しく動き回っている。そのころ、一人の若い女性がうちの教会に身を寄せていたのだが、このお姉さんには本当にお世話になった。

まずは、生まれたばかりの弟の、命の糧《かて》を確保しなければならない。当時から粉ミルクらしきものはあったようだが、弟の身体《からだ》はそれを受け付けず、何度ももどしてしまったらしい。そこで、お姉さんが毎日のように、近所の出産したてのご婦人にお乳をもらいに行ってくれたのだ。

そして、最大の問題は母の所在だった。

「お母さんはね、奈良県の天理に、神様の御用をしに行ってるんだよ」

私には、そう言い含めていたらしい。だが、いったんぐずりだすと、「いつになったら帰ってくるの？」と言って泣くこともあったという。

そんなときは、お姉さんが「じゃあ、一緒に迎えに行こうか」と、電車の見える所まで私をおぶって連れていくのだ。そうして、「お母さん、もうすぐ帰ってくるかなあ、次の電車かなあ」と言いながら、私の寝息が聞こえてくるまで、何時間でもそこに立っていたという。

やがて、そのような生活も終わりを迎えるときが来た。私が三歳になるころ、後添いの母が来ることになったのだ。

その新しい母には、幼い私に悟られないような芝居が求められた。なにせ私は、産みの母は健在だと思い込んでいる。「はじめまして」という顔で来られたら、いままでのみんなの苦労が水の泡になってしまうのだ。

その芝居を、新しい母は精いっぱい演じてみせた。私の欲しがっていたブリキのおもちゃを手に、玄関を勢いよく開けて、

「恭行、ただいま。お土産《みやげ》だよ！」

それが、この後五十年、生活を共にする母と私の初対面だった。そして母は、「お

母さん、おかえり!」と、おもちゃを手に喜ぶ私を力強く抱きしめてくれた。お姉さんは、襖《ふすま》の陰からソッとその光景を見守り、声にならない涙を流したという。

以上の話は、私の記憶にあるものではなく、二十歳になって初めて詳しく聞かされたことだ。

そのとき思った。人の真心は、時を超えて人の心に届くのだと。二十年たって初めて知る、後添いの母の苦労。お姉さんをはじめ、お世話になったたくさんの人たちの愛情。産みの母の温《ぬく》もりまで、よみがえってくるようだった。

そのたくさんの真心に支えられて、自分は道を踏み外さずに生きてこられたんだ。絶対に、この恩返しをしなければならない。そう強く感じた。

さて、それから二十数年たち、わが息子が高校を卒業したときのこと。珍しく二人きりで話す機会を得た折、私は少しあらたまった調子で切り出した。

「おまえ、おばあちゃんを大事にしてやってくれよ」

そのころ、母は股関節《こかんせつ》の骨折で入院している最中だった。

「な、何だよ、急に」

息子は、いつもと違う私の様子に怪訝《けげん》そうな表情を浮かべた。ひと呼吸置いて、私は語りかけた。

「おまえのおばあちゃんは、お父さんを産んでくれたおばあちゃんじゃないんだ。お父さんたちをたすけるために、うちに来てくれたんだよ」

そして、私が二十歳になって聞かされたことを話した。話をするうちに、息子の表情は少しずつ変わっていった。その真剣な顔を正面から見据えて、私はもう一度言った。

「おばあちゃんを大事にしてやってくれよ」

息子は大きくうなずいた。


（二〇一〇年十月）

第三章

子育てのヒント

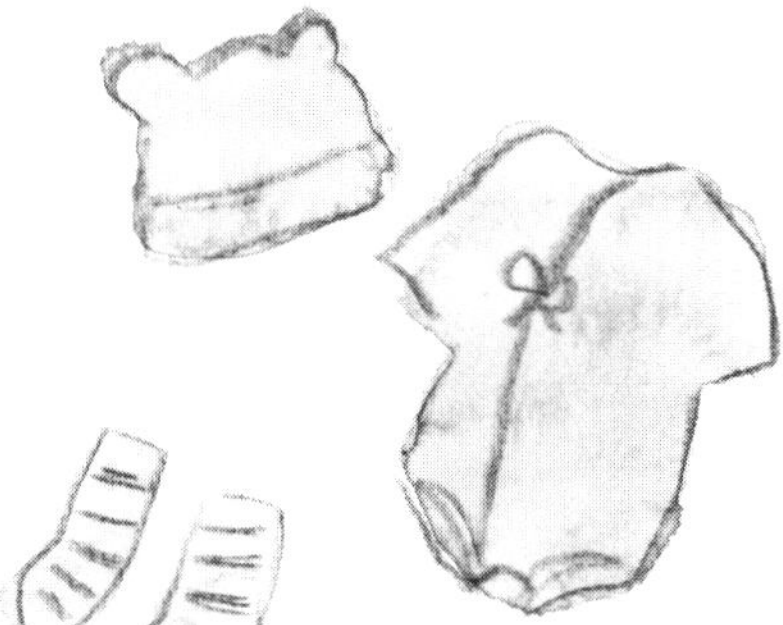

いつも見ているよ

岡本《おかもと》真季《まき》（尾道《おのみち》分教会長夫人）

「どこの保育園に入れようかなー？」

そう迷っているママ友にはいつも、うちの子が通っている保育園を「最高だよ、おいでー」とお勧めします。「そんなにいいの？　その保育園」と聞かれると、私は入園式での出来事を話すことにしています。

入園式が始まる直前のこと、よぼよぼのおばあさんが会場に入ってきてひと言、

「お父さん、お母さん。皆さんスリッパの脱ぎ方がなっていません、やり直し！」と言ったのです。

その瞬間、会場にいた先生方は顔色を変えて、「保護者の皆さん、一度会場の外に退出してください」と促し、私たち保護者にスリッパをそろえさせ、再び入室させたのです。このよぼよぼのおばあさんこそ、この保育園の園長先生でした。

このときの園長先生のひと声と、先生方の従順で機敏な対応に、主人と私は「この保育園に入園できて本当に良かった」と喜んだのです。

園長先生はずいぶんお年ですが、園に姿を見せた瞬間にその場の空気が変わり、先生方の顔がピリッと引き締まるのが分かります。常に子供中心の考えをされるので、子供のためにならないと思うことがあると、先生方も保護者も容赦なく一喝します。

もちろん園児たちにも厳しく接します。運動会の行進練習を園長先生が見学に来ると、園児が緊張して右手と右足を一緒に出してしまう、なんてこともあるほどでした。それでも不思議なことに、園児たちは園長先生のことが大好きなのです。どれだけ叱《しか》られても、そこに愛情があれば、ちゃんと感じ取ってくれているのだということを教えられました。

子供を「叱る」という行為は、ずいぶん体力を使ううえに、孤独な行いのように感じます。叱ることで子供に嫌われて、自分が悪い人間になっていくような気がするのは私だけでしょうか。

叱るときには、どうすればこちらの思いが正しく伝わるのかを考えて、冷静に話をしなくてはなりません。しかし、それがなかなか難しい。だんだんと感情的になってしまいます。子供を愛するがゆえに、つい、むきになってしまうのです。

それに、いくら叱ってその場で言うことを聞かせても、親の見ていないところでどうしているかは分かりません。それでも子供を育てていくうえで、叱るという行為は必要不可欠なものです。

上の子が保育園の年長で、二番目が年少、三番目がまだ一歳にもならないころ、朝の時間帯はまさに戦争でした。なぜか忙しければ忙しいほど、子供たちは言うことを聞かなくなるのです。

そんなとき、何げなく保育園の先生に「最近、私の言うことをあまり聞かなくて、どんどんわがままになって困っています」と、愚痴《ぐち》をこぼしてしまいました。すると先生が、「岡本さんは真面目《まじめ》なお母さん過ぎるのよ。言うことを聞かないときは、『先生が見てるよ』って言ったらいいのよ。園児たちには『あなたたちの家での姿、テレビで全部見てるよ』って、いつも言ってるから」とアドバイスをくれました。そして、こうも教えてくれました。

「奥の手があるわ。『園長先生に言うよ！』。これは一発で効くわよ」

それまでの私は、子育てやしつけは母親がするもので、他人に叱ってもらったり、しつけてもらったりするのは良くないことだと思っていました。しかし、保育園の先生からこのように言われ、人に頼りながら子育てをしてもいいのだということに気がつきました。

もちろん、叱り役は全部お任せ、というわけにはいきませんが、それでも子供を叱り続けるという孤独な作業からは、奥の手を知ったことによって解放されました。

先生の言う通り、子供たちは家にいても「園長先生が見ているかもしれないよ」と言うと、自然と背筋を伸ばします。その姿は、「園長先生に叱られたくない」という恐怖ではなく、「かっこいい自分を見てもらいたい」という、子供なりの頑張りです。みんな園長先生のことが大好きだからこそ、使える奥の手です。

その子供の姿を見て、大人も同じだなと思いました。

私の主人は、結婚するまでは、いわゆるヘビースモーカーでした。結婚を機に禁煙しましたが、飲み会などでは、つい吸ってしまっていたようです。ところが、禁煙したと聞いて一番喜んでいた祖母が亡くなった日から、きっぱりとやめることができたのです。

「おばあちゃんに空から見られていると思ったら、ガッカリさせられないからな」と主人は言います。

誰にも見られていない。そんなときでも、大好きな誰かが見てくれていると思い、襟《えり》を正す。子供たちには、目に見えない温かい目線を感じて、自分の言動を戒められる、そんな大人になってほしいと思います。
そして私自身、子供たちと離れているときでも、常に目線を感じてもらえるような、そんな母親でいたいと思います。

（二〇一八年八月）

ピーマンさん、ごめんなさい

梅田正之《うめだまさゆき》（天理教校学園高校教諭）

「お米を粗末にしては申し訳ない」。これが母の口癖《くちぐせ》でした。農家に生まれ育ったこともあって、米一粒の大切さ、ありがたさがよほど身にしみていたのでしょう、二年前に八十七歳で亡くなる直前まで、スプーンを持つ手が自由に動かせなくなっても、お茶碗《ちゃわん》に残る米粒を一人で懸命に口に運ぼうとしていました。

不思議なもので、おかずは遠慮なく残すのに、ご飯は特別だったようです。「おかずも同じでは？」と思うのは頭で考える理屈です。「せめて、お米だけでも残さずに……」という母の気持ちは、真実であったように思います。

私たちが「おやさま」とお呼びし、お慕いしている天理教の教祖・中山みき様のご逸話に、こんなお話があります。

　お屋敷で勤めている人々が、時々、近所の小川へ行って雑魚《ざこ》取りをする。そして、泥鰌《どじょう》、モロコ、エビなどを取って来る。そして、それを甘煮《うまに》にして教祖《おやさま》のお目にかけると、教祖は、その中の一番大きそうなのをお取り出しになって、子供にでも言うて聞かせるように、

「皆《み》んなに、おいしいと言うて食べてもろうて、今度は出世しておいでや」

と、仰《おお》せられ、それから、お側《そば》に居る人々に、

「こうして、一番大きなものに得心さしたなら、後は皆、得心する道理やろ」

と、仰せになり、更《さら》に又、

「皆んなも、食べる時には、おいしい、おいしいと言うてやっておくれ」

と、お教え下された。

私はこのお話が大好きです。特に「得心」という言葉に強く惹《ひ》かれます。というのも、このお言葉は、どんなときも相手の身になって考えることの大切さを示していると思うからです。

私が幼かったころ、母は、木製のお櫃《ひつ》にこびりついた少し臭いのするような米粒も水洗いし、ざるに受けて食べていました。また、家族が食べ終えた魚の骨についている身を、お湯ですすぎ落として食べていました。

子供ながらに「何もそこまでしなくても……」と思いましたが、半面、「こんなふうにして食べてあげたら、お米も魚もきっと喜んでいるだろうな」とも思ったものです。

最近は、まだ食べられるものでも賞味期限を過ぎると、当たり前のように捨ててしまいます。「もったいない」のはもちろんですが、私が気になるのは、人間に食べてもらえると思っていた食品たちが、これで「得心」するかどうかということです。おそらく無念さでいっぱいではないかと思います。

「いただきます」と手を合わせ、「おいしい、おいしい」と感謝して食べる。できるだけ粗末にしないように頂き、「ごちそうさま」と手を合わせる。どうしても食べきれないときは、せめて「ごめんなさい」と心に念じ、手を合わせる。そうすることで、食材の一つひとつが「得心」こそできなかったとしても、まだ報われるような気がするのです。

教祖は、「菜の葉一枚でも、粗末にせぬように」「すたりもの身につくで。いやしいのと違う」とも仰せられました。

「すたりもの（廃り物）」とは、現代の表現では、賞味期限を過ぎた廃棄処分されるもの、と言えばいいでしょうか。

私の子供がまだ幼いころ、ピーマンが食べられずに、

「これ、キライ！」

と言って、口から出したことがありました。そのとき、こんなふうに言って聞かせた

覚えがあります。

「ピーマンさんは、きっと悲しがっていると思うよ。誰だって、『あなたなんてキライ、大キライ』って言われたら悲しくなるもの。『おいしい』と言って食べてあげてごらん。きっと喜んでくれるから」

そして、子供がピーマンを口に運んだときに、すかさず腹話術を使って、

『うれしい！　ありがとう！』

と、ピーマンになったつもりで、とびきり高い声を出しました。

「ほら、喜んでいるよ」

と言うと、私の顔をじっと見つめて、笑いながら、

「ピーマンさんの声が、お父さんの口から聞こえてくるよ」

と言います。

「おかしいなあ。そんなはずはないよ。もう一つ食べてごらん」

『うれしい！　ありがとう！』

「ほらね」

「ピーマンさん、ごめんなさい……」

他愛のない話ですが、子供が「ごめんなさい」と、素直に謝った言葉のなかに、相手を思いやる心を感じてうれしくなりました。


菜の葉一枚、お米一粒、魚一匹……。どれもこれも、それぞれが生きていた世界から、長い道のりを経て私の目の前にやって来てくれた、かけがえのない一つのいのちです。

「いただきます」

「おいしいね」

「ごちそうさま」

は、あらゆる命に対する感謝の言葉でもあります。

「菜の葉一枚でも、粗末にせぬように」

「すたりもの身につくで。いやしいのと違う」

人に限らず、たとえ食べ物であっても相手のいのちを尊重し、生かして通ろうとするなかに、自らが守られ生かされる世界があることを、教祖はお教えくだされていると思うのです。

（二〇一八年四月）

それ、本当に短所ですか？

西田《にしだ》伸代《のぶよ》（公文式高田根成柿《たかだねなりがき》教室講師）

「こんにちは！」

私が自宅で開いている学習塾では、今日も夏の日差しを浴びて笑顔が輝く、子供たちの元気な声が教室に響きます。

「今日は新しいところ！」と、ワクワクしながらプリントを取る子。

「できるかなぁ」と、ドキドキした様子の子。

「宿題、頑張ったよ！」と、誇らしげな顔の子。

子供たちの表情はさまざまです。

そんななか、S君は軽く頭を下げ、無言のまま席に着きます。S君から話しかけてくることはほとんどありません。静かに学習を始めます。けれど、そのまますんなり学習が終わることはありません。ひとたび気に入らないことがあると、鉛筆を置き、プリントには一切手をつけず、だんまりを通します。こちらが何を聞いても、うんともすんとも答えません。

最初のうちは、いったいどうしたのかと、ずいぶんてこずりました。気分が悪いのか、どこか身体《からだ》の具合が悪いのか、眠いのか。それとも、分からない問題があるのか。いろいろ思案して尋ねますが、何の反応もありません。そのままかなりの時間が過ぎ、長い沈黙の後、やがて……。

彼の腕が静かにゆっくりと動きだし、人差し指である一点を指すのです。それはプリントのどこかであったり、教室のどこかであったり、時には友だちの誰かであったり、あるいは私を指したり。右手の人差し指の先が、彼の心のなかの引っ掛かりを示すのです。

あるとき、学習が終わって帰ろうとした女の子が、

「自転車の鍵《かぎ》がない！」

と騒ぎだしました。かばんのなか、ポケットのなか、あちこち捜しましたが見つかりません。女の子が泣きそうになった、そのときです。S君の右手が真っすぐ伸び、指先が教室の本棚の、ある一角を指したのです。すぐさま女の子が、

「あっ、私、国語辞典に挟んじゃったかも！」

彼の指先は、このときから「魔法の指先」になりました。

S君のお母さんは、彼のだんまりを最大の欠点と嘆いておられます。でも、物言わぬ彼を嘆くよりも、彼の指先は何を示そうとしているのか、その向こうには何があるのかと、彼の気持ちを探ってみる。すると、そこに楽しみがあり、私たちが成長できる手掛かりを与えられているように思います。

そして、これからはS君に、魔法の指先よりももっとすてきな「言葉」の素晴らしさを、お母さんと一緒にいっぱい伝えていきたいと思います。彼の発する言葉は、そ

の指先以上に、みんなに喜びを与えることができるはずです。

恥ずかしがり屋でおとなしいAちゃんは、とてもおっとりした女の子。一つひとつの行動が、実にゆっくりで時間がかかります。手が止まったまま、じっとしていることがよくあります。親御さんは、そんなわが子の行動が歯がゆく、「さっさとしなさい」と言いたくなるようです。

「好きなことは?」

と聞いたら、

「ボーッとすること」

と答えてくれたAちゃん。彼女を見ていると、こちらも気持ちがゆったりするか、反対にイライラするか。それは、こちらの心のあり方にもよるようです。

十数年前、天理教の教会本部で毎年夏に開催される「こどもおぢばがえり」に、教室の子供たちと一緒に参加したときのことです。そのなかにAちゃんもいました。

バスに乗るとき、会場の中に入るとき、何かを配るとき、大抵の子供は少しでも早く前に並ぼうとします。けれどもAちゃんは、いつも一番あと。座る席がなくなったり、食べる時間が少なくなったり。元気な男の子は「モタモタしてたら損するよ！」と、Aちゃんの肩を叩《たた》いて走っていきました。

みんなの大好きなプールの時間が終わって、着替えている子供たちを集合場所で待っていました。出発の時間が近づいてきたので、人数を確認しましたが、まだAちゃんがいません。

「遅いなあ……」

と、みんなが更衣室のほうに目をやったとき、Aちゃんが出てきました。手には帽子や靴下や、水着の入ったかばんをたくさん持っています。

「あっ、それ私の！」

一人の女の子が走り寄りました。Aちゃんは、みんなの忘れ物を持ってきたのです。

Aちゃんはいつも一番後ろから、みんなの行動をしっかり見ていました。みんなの背中を見ながら、多くのことを学んでいました。

大人になったAちゃんは、相変わらずおっとりしていて、話すのもゆっくりです。スーパーで買い物をしてレジに並んでいたら、あとから来た人に抜かされたり、順番を待っているのにあと回しにされたり。そんなAちゃんは、やっぱり損をしているのでしょうか。

彼女は「先に行きたい人に譲ればいいの」と、笑顔で言います。損をしているとは思っていないようです。

いま彼女は、産婦人科の病院で働いています。ゆっくりとした彼女の話し方と対応は、妊婦さんに気持ちの安らぎを与えると、なかなか評判がいいそうです。「私は、のろま」と笑顔で答える彼女は、その性質を自分の持ち味にしていました。どうやら、彼女を見てイライラする大人のほうに、問題があったようです。


（二〇一〇年七月）

人の役に立ちたい心を育む

古市《ふるいち》俊郎《としろう》（福之泉《ふくのいづみ》分教会長、産業カウンセラー）

「蛙《かえる》の子は蛙」ということわざがあります。子供の性質や能力は親に似るものだ、という意味ですが、ある人が言いました。

「あれは間違い。カエルの子はオタマジャクシだ」

「なるほど！」と感心する半面、私は内心こう思いました。

「子供は親とは違うものだと思ったほうがいい、ということでは？」

私は学校でカウンセラーをしています。仕事柄、子供たちや親御さんからの相談をよく受けます。そのなかで思うのは、親と子は愛情と信頼でしっかり結ばれているかといえば、そうとも言えないということです。「わが子がどうしても好きになれない」とか、「子供が何を考えているか全く分からない」というお母さんは案外多いものです。

ある女子中学生は、こうつぶやきました。

「大事なことは親に言えない」

一番大切なお母さんだからこそ、悲しませるようなことを言うわけにはいかないというのです。「親の心子知らず」と言いますが、反対に「子供の心親知らず」ということもあるのだと思いました。

親がわが子の幸せを願うのは、昔も今も変わりません。第一に願うのは、身体《からだ》の健康です。その次はいろいろありますが、思いやりの心を持つ子供に育ってほしい、人に迷惑をかけず、人の役に立つ人間になってほしいと願う親が多いようです。自分さえ良ければいいという考えでは幸せになれないことを、どの親もよく分かっているからでしょう。

ところが、親の願いに反して子供はいろいろと問題を起こします。暴力や非行といった「反社会的行動」に加え、最近は無気力や不登校、ひきこもりといった「非社会的行動」が増えてきました。

それに対して個別の問題でできることといえば、やはり家庭環境や子供への接し方を見直し、変えていくことだと思います。思いやりがあって、人の役に立ちたいと思う子供に育てたいと願うなら、思いやりのある家庭、人の役に立つ行いが頻繁に見られる家庭で育てることが大切でしょう。

私どもの教会で、子供たちの「おとまり会」をしたときのことです。夕食のカレーライスをみんなで食べた後、妻が台所で食器を洗っていると、近所から参加した小学四年生の女の子がそばへ来て、「ねえ、やってみていい?」と言いました。食器洗いをしてみたいというのです。

理由を聞きますと、自分の家ではやったことがないし、やりたいと言っても、子供が手伝うとかえって邪魔になるし、お皿を割る恐れもあるから手伝わなくていいと、お母さんから言われるのだそうです。

親の言いつけをよく守る子や、親の言うことに素直に従う子は、素晴らしい子供だと思います。しかし、それだけでは人の役に立ちたいという積極的な心は育ってこないでしょう。遊び半分でも、やってみたいと思った自発的な行為によって、誰かが喜んでくれたり感謝してくれたりすると、うれしい気持ちになります。それが自信につながっていくと思うのです。

親としては、子供が上手《じょうず》にできるかできないかの結果ではなく、自発的な動機を尊重したいものです。そして、それによって親が喜び、自分もうれしくなるという快感を、小さいうちから子供に味わわせたいものです。

現代の家庭は、親と子の役割が分担され過ぎていて、子供が親の役に立つような場面が少なくなっています。

社会心理学では、人の役に立つ行為を「向社会的行動」といいます。これには、トイレでスリッパをそろえたり、エレベーターのドアを後から来る人のために開けておいたりする、ちょっとした思いやりの行動から、自分の大切なものを人と分け合うこと、献血や奉仕活動、さらには人命救助のように命の危険を伴う援助行為まで、さまざまなレベルがあります。

向社会的行動を取りやすい子供は、三つの能力が高いといわれています。それは、共感性、自己主張力、自己抑制力です。

共感性とは、人の気持ちをその人と同じように感じる力です。私たちの感情や気持ちは、直接言葉で伝えるよりも感じ取ってもらうことが多いもの。したがって、相手の表情や状況から、いまどんな気持ちでいるのかを感じ取る力がないと、何をしてあげたらいいのか、まるで気がつかないことになります。

自己主張力は、自分の考えや気持ちを率直に表現する力、自分が正しいと思うことを実行できる力です。時には恥ずかしかったり、いい子ぶって見られないかと心配になったりしても、自分に自信があれば、ためらうことなく実行できるのです。

しかし、その自己主張力だけが強くてもいけません。時には自己抑制力も必要です。人の役に立つことをするには、自分のことは一旦後回しにして、人を優先させなければなりません。こうした自己を抑制する力は、口で言って身につくものではありません。人の役に立つことは尊い生き方であるという、愛他的な家庭環境のなかで、子供自身が体験を通して身につけるしかないでしょう。

先日、ある教会の奥さんから、うれしい話を聞きました。その教会に出入りしている生協の職員の女性が、小さいときに私どもの教会から、夏の「こどもおぢばがえり」に参加したことがあるというのです。彼女は、「小学五年生のとき、天理で見た『少年ひのきしん隊』の中学生の姿に感動し、私も将来は人の役に立つ仕事がしたいと思って生協の仕事に就《つ》きました」と話していたそうです。

少年ひのきしん隊というのは、こどもおぢばがえりに参加している大勢の人たちの世話取りをする、中学生の活動です。彼らは一週間ほど家族と離れ、なじみのない同年代の子たちと合宿生活をして親しくなっていきます。

そして、昼は炎天下のなか、「冷たいお茶はいかがですかー」と声をかけ、お茶を振る舞います。最初は小さな声しか出せなかった子も、みんなと一緒にするうちに大きな声が出るようになります。その「できるようになる体験」によって自信がつき、子供たちは日ごとに生き生きとした表情に変わっていきます。

人の役に立ちたいとの思いでする自発的な行動は、その本人だけでなく、それを見ている周りの人へも良い影響を与えるのだと思いました。

（二〇一八年六月）

「わかった」と言う

堀《ほり》 健《けん》一《いち》（日本ボーイズタウンプログラム振興機構代表理事、晃栄《こうえ》理《り》布教所長）

私たちは、世界で最も質の高い家族支援サービスを提供する団体の一つである、アメリカにある「ボーイズタウン」のプログラムを、日本で実践しています。

家族支援の主な内容は、虐待を起こしてしまった家庭を回復させていくことです。日本では各自治体等から依頼を受けて、年間五千人を超える親子にサービスを行い、多くの成果を得てきました。

虐待関係になってしまった親子には、それぞれ個別に治療支援を行います。具体的には、まず子供には、親に「何々してね」と言われたら「わかった」と言ってすぐに行動に移すことを教え、親に対しては、そのような子供の行動を見たら褒《ほ》めるよう促す。そして、この親子のやりとりを繰り返し練習してもらうのです。

これは、最も効果がある治療支援の方法の一つです。多くの人が、「そんな簡単なことで悪化した親子関係が修復できるのですか？」と不思議に思われます。しかし、私たちの長年の経験で言えば、効果は抜群です。

子育て中の親御さんによくよく話を聞くと、親が子供のしつけで一番苦しむのは、「子供が指示に従わない」ということに集約されています。

「ゲームをやめて宿題をしなさい」と言うと「あとでする」と答え、テレビを見ているときに「夕食の時間よ」と声をかけても「もうちょっと見たい」と言って食べようとしない。こういった小さなことでも、子供が指示に従わないことが続くと親のストレスは徐々に高まり、ついには爆発して、暴言や暴力、無視といった行動へと発展します。そのような行動は親子の関係をますます悪化させ、子供は親に反抗し、親による虐待はエスカレートしていきます。

虐待の治療支援の際は、その流れを元に戻すことを念頭に置きます。

私たちが関わったある親子は同じようなパターンで、親の指示に対して「あとで」「だって」「でも」といった答えを子供が繰り返していました。そこで、子供にまず、親の指示に対して「わかった」と言って、すぐに行動に移す練習を毎日してもらいました。また練習だけでなく、指示に従い信頼を得ることで、自分がしたいことをさせてもらえるようになるということを教えました。

たとえば、「ゲームをすぐにやめることができれば、またゲームを許可してもらえる機会が増えていくよ。逆にやめることができないと、その後はやらせてもらえなくなるよ」と、時代が移っても変わることのない大切な物事の道理を伝えるのです。

そして、指示に従って実際にすぐゲームをやめた日は、ゲームの時間を十五分間延長できるという、良い結果も設定しました。これにより、この子供からは「でも」「だって」「なんで」といった言葉が減っていき、「わかった」と言ってすぐに行動に移すことが増えました。

また同時に、親にも褒める練習をしてもらいました。子供が指示に従ったら、「偉いね、すぐにゲームをやめることができて。どんどんお兄ちゃんになって、できることが増えていくね。今日は十五分長くゲームをしてもいいからね」といった感じで褒めるのです。これを何度も練習してもらいました。その結果、虐待によって一時別々に暮らしていたこの親子は、現在は一緒に暮らすことができるようになりました。

一見複雑な親子の問題が、この方法によって回復していく姿を、私たちは数多く見てきました。そこで実感したのは、子供が素直に指示に従うには、親が子供に一方的に求めるだけではうまくいかないということです。親自身も、自分の親や勤め先の上司などの指示を「わかりました」と素直に受け、すぐに行動に移すことを、普段から心掛けることが大切なのです。

親子関係がうまくいかないと悩んでいる方は、一度まず、ご自身が素直に「わかりました」と言って、すぐに行動に移してみましょう。そして、それを子供に教えて練習させ、できたら褒めることから始めてみましょう。きっと、何かが良い方向に向かう流れを実感することができるはずです。

（二〇一七年十一月）

子供の真っすぐ

茶木谷吉信《ちゃきたによしのぶ》（正代《しょうだい》分教会長）

銀《しろがね》も金《くがね》も玉《たま》も何せむに　優《まさ》れる宝子《たから》に及《し》かめやも

銀も金も宝石も、何の役に立とうか。それよりも優れた宝である、子に及ぶことがあろうか――。これは万葉集に収められている、およそ千三百年前に詠まれた短歌です。どれだけ月日がたとうとも、親の思いは変わらないのですね。

子供は宝。わが子に「真っすぐに育ってほしい」と願わない親はいないでしょう。でも、その子供のことで悩みを抱えている家庭が多いのも事実です。

この間、ある奥さんからこんな相談を受けました。

「うちの子、小学六年生なんですが、先日、突然『二千円ちょうだい』と言ってきたんです」

「六年生にしてみれば、決して安い金額ではないですね」

「そうなんです。だから『そのお金で何するの？』って聞いたんです」

「で、息子さんは何と？」

「『友達にゲームソフトを買ってもらったから返す』と言うんです。返さなくてもいいと言われたけど、それでは気が引けるから、お金だけでも返すって」

「へえ〜、友達に買ってもらった？」

「友達にそんな高価なものを買ってもらったなんて、見過ごせないと思いません？だから、どういうことか確認しようと思って相手の子の母親に電話しました。そしたら、お母さん、『そんなお金は子供に渡した覚えがない』っておっしゃるんです」

「ははあ、さてはその子、親の財布から黙って抜いたんですね」

「そうなんです。どうもその友達は、ちょくちょく親御さんの財布からお金を盗《と》って、ほかにもいろんな子におごっていたらしいんです。それが分かって親御さんは、泣いてお子さんにビンタを飛ばしたそうです」

「はは、やりましたね」

「ちょっと！　冗談じゃないんですよ」

「いや申し訳ない。まあ、そう怒らずに。で、あなたはお子さんにどう対処したんですか？」

「友達が親から盗んだお金で、自分の子がゲームソフトを買ってもらっている。そう思ったら私も腹が立って、すっかりパニックになり、『そんなもの返してきなさい』と言って子供を叱《しか》り飛ばしました。でも子供は『そんなことをしたら友達関係が崩れる』と言うんです」

「お子さんにはお子さんの世界があるんですね。で、どうしたんですか？」

「『そんなことで崩れるような友達関係なら、最初から友達じゃないのよ』って言いました」

「まあ、よく耳にするお決まりの文句ですね」

「子供には真っすぐに育ってほしいし、どうすればいいのか、迷っているんです」

この奥さんに、あなたならどう相談に乗るでしょうか。私は、こうお答えしました。

「いま、奥さんは『子供には真っすぐに育ってほしい』とおっしゃいましたよね。そう思うのは、親ならば当然のことでしょう。じゃあ、その〝真っすぐ〟について、ちょっと考えてみましょう。あなたのお子さんは、果たして〝真っすぐじゃない〟と言えるでしょうか」

「え？　どういうことですか？」

「だって〝ゲームソフトをただでもらってラッキー〟と思わずに、〝お金だけでも返さなきゃ〟と考えたんですから、あなたのお子さんは十分真っすぐじゃないでしょうか。そう思いませんか？　そのお金を、友達みたいにこっそり親の財布から抜かずに、堂々とお母さんに『ちょうだい』って言えたお子さんは、真っすぐじゃないでしょうか。『二千円ちょうだい』と言ったときの、お子さんの気持ちを考えてみてください。勇気がいったと思いますよ。心のなかで、ずるい自分、悪がしこい自分、正直な自分、いろんな自分と闘ったと思いますね。そして出した答えが、決して安い金額ではない二千円を『ちょうだい』と、勇気を奮って親に頼むという結果だったんです。私は、この答えが〝真っすぐじゃない〟とは思えないんです」

「うーん、そう言われればそうですね」

「親の考える真っすぐと、子供がそのとき感じている真っすぐは違います。ここが問題なんですね。だからトラブルになっているわけです。でも、考えてみたら親の真っすぐと子供の真っすぐは、違っていて当然じゃないでしょうか。私たちの真っすぐは、長い人生経験を経てやっと獲得した大人の真っすぐですよね。これを押しつけても、当然、子供には分かりません」

「それが親子げんかの原因なんですね」

「そう、その通り。親子げんかの正体は、親子間の〝真っすぐ〟の違いです。子供には子供なりの真っすぐがあって、それに沿って行動しているんです。だから頭ごなしにそれを否定しても、子供は納得しない。親はイライラする。子供はしつこく食い下がる。親はだんだん面倒くさくなる。そして、これまたお決まりの文句、『おまえもいつか、大人になったら分かる!』と言って片づけてしまう」

「なんだか、うちのことを言われているみたいです」

「親からビンタを食らったお友達も、大事なことを学んでいます。あなたのお子さんも、大事なことを学んでいます。自分の真っすぐが通用しなかったわけですから。こうして子供は自分の真っすぐを、社会の真っすぐとすり合わせていくんですね。

そして大事なことは、私たちの真っすぐも、子供のころからいろんな失敗を積み重ねて獲得してきた真っすぐなのだ、ということです。大人というのは、自分が小さかったころのことを、いとも簡単に忘れてしまう都合のいい生き物なんです。だから心配は要りません。まずは、子供なりの真っすぐを認めてやってください。子供も一生懸命に真っすぐだと思う生き方をしているんです。それをしっかり認めてください。そしてそのうえで、親の考える真っすぐ、社会の真っすぐは、少し違うんだよ、ということを教えてやってください」

大人の真っすぐを伝えるのには、ずいぶんと骨が折れます。子供に何かを伝えるときには、子供の目線に立たないと伝わりにくいと思います。大切なのは、大人の物差しをいったん捨てて、しゃがんで子供に目線を合わせ、その子供の目線を尊重しながら伝えるということではないでしょうか。

考えてみたら相当面倒な作業です。しかし、子供に人生の判断基準を伝えるという、とてつもなく大切なことをやるのが子育てですから、そこは骨身を惜しまず、じっくりと掛からねばなりませんよね。

（二〇一〇年九月）

心休まる場所

早樫《はやかし》一男《かずお》（臨床心理士、彌榮《やさかえ》分教会彌生《やよい》布教所長）

結婚する娘に対して、「どんなことがあっても実家には戻ってくるな！」と言うのは昔の話。いまの時代は「我慢する必要はない。いつでも戻っておいで」と言うのが主流とか……。

この二つの言葉は相反する表現ですが、子供に対する親の思いが込められているという意味では共通するのかもしれませんね。ただし、どちらの言葉を使うか、それとも第三のコメントを思い浮かべるかは、時代の影響だけでなく、それぞれが育った家族の文化や価値観によっても異なるのではないでしょうか。

子供にとって、親からの自立は大きな成長の節目です。進学や就職、結婚など、家族から離れていく姿はさまざまですが、それを不安に感じるのも、ごく普通のことです。親にとっても、もちろん大きな節目です。独立していくわが子に対して、うれしい半面、何かしらの寂しさを感じても不思議ではありません。

たとえ物理的に離れたとしても、親子の絆《きずな》が切れるわけではありません。健康に巣立っていけるのは、家族に支えられてきたという安心感があるからこそです。しかし一方で、一緒に暮らしていてもバラバラな家族や、物理的に離れる機会にこれ幸いと、実質的に縁を切る家族など、つながりが希薄な場合も少なくないようです。

「どうせ僕のことを考えてくれている人なんて誰もいないから、別にどうなってもいいんです」

やっと口を開いた中学三年生の男の子の、最初のひと言です。

あることがきっかけで彼に出会い、これまでの彼の人生を聞くことになりました。

彼が生まれて間もなく両親は離婚。親戚《しんせき》の間を数年おきに転々とさせられたうえ、中学入学前には児童福祉施設で暮らすことになったのです。

わずか十四、五歳ですが、想像を超えた人生を送ってきていました。よくここまで頑張ってきたなあというのが、率直な感想でした。

彼の話を聞きながら、見守ってくれる人や、家庭という心が休まる場所の存在は、子供にとって成長するうえでとても大きな力になり、支えになるのだと痛感しました。

◇

「久しぶりに実家へ里帰りしたら、ホッとしました。元気をもらいました。思いきって子供と一緒に帰って良かったと思っています」

三年以上不登校の状態が続いている、小学五年生の長女を抱えたお母さんに出会ったときのひと言です。

実家は、行くだけで丸一日かかるような遠方です。子供の休みを利用して、思いきって家族そろって、ふるさとへ帰ることにしたといいます。

結婚後、四人の子育てに追われていたこともあり、帰る機会がなかったとのこと。実家の両親とは電話で話すくらいでした。また、余計な心配をさせないようにと、長女の不登校のことは伝えていませんでした。

子供たちは、写真で見るお母さんの両親に初めて会うことができ、とても喜んだ様子でした。その姿を見ただけで、お母さんは長旅の疲れとともに、これまでの苦労やストレスも吹っ飛んだといいます。

そして、年老いた両親がとても喜んで迎えてくれたことが何よりもお母さんの力になったようで、「実家の両親から元気をもらいました」という言葉を何度か繰り返されたのです。さらに、「長女のことは、これからも大変だと思いますが、心を倒さずにやっていきたいと思います」とも続けられました。

さて、私自身は……と考えると、両親をはじめ、心に掛けてくれる人に恵まれていたことに、あらためて感謝の気持ちが湧《わ》いてきます。

家庭やふるさとには、親や親代わりの人、きょうだいなど、待っていてくれる人がいます。だからこそ、帰りたいという気持ちになるのでしょう。そこにいるだけで、何かしらホッとする気持ちになるのです。

皆さんのなかには、さまざまな事情があって「実家」や「ふるさと」、また「育ててくれた家族」と疎遠になっている方があると思います。そんな方もぜひ一度、奈良県天理市にある「おぢば」に帰ってみませんか?

天理教では、「おぢば」は全人類の「ふるさと」であり、この世と人間を創造された親神様のお鎮まりくださる所と教えていただきます。おぢばでは、教えの祖《おや》である「おやさま」が、私たちをいつでも温かく迎えてくださいます。

私自身、おぢばに帰ると心が癒《い》やされ、ホッとするという経験を何度も味わっています。

(二〇一五年十二月)

たましいのおはなし

平井直子《ひらいなおこ》（泉道《いずみち》分教会長夫人）

「人は死んじゃったら、どこへ行くの？」

こんなドキッとする質問を子供にされたとき、皆さんはどう答えますか？　最近の私は、こう答えるようになりました。

「死んでしまうことはとても悲しいことだけど、身体《からだ》はなくなっても、その人のことは必ずみんなの心に残るし、目には見えないけれど、人には魂があるんだよ。その魂が神様のもとへ帰って、また次に生まれ替わってくるその日まで、神様がギューッとあたたかく抱きしめてくださっているんだよ」

人は何度も何度も生まれ替わりを重ねながら、魂の成長を遂げていく。このような思いに至ったのは、息子が教えてくれた不思議なお話がきっかけです。

いまから二年半前、私たち夫婦は娘のマコを亡くしました。生まれて一カ月の、かわいいかわいい小さな女の子でした。とても元気で、すくすくと育っていました。

幸せあふれる一カ月があっという間に過ぎたある冬の朝、彼女は眠りについたまま二度と目を覚ますことなく、突然、旅立っていきました。

神様から頂いた大きな大きな試練を前に、夫婦で心を立て直すことに必死でした。神様が娘の死を通して私たちに伝えたかったことは何なのか、この節のなかから一つでも二つでも喜びを探そうと、なんとか歩んでいました。

そんなある夜、娘の写真を見ながら主人と話しているうちに、なんだか涙が止まらなくなりました。すると、三歳になる息子が「なんで、ないてるの?」と聞いてきました。私たちは、やっぱり息子はまだ妹が亡くなったことがよく分からないんだろうなど思い、「もうマコちゃんは帰ってこないんだよ。悲しいなあ」と言うと、「ぼく、全然悲しくないよ」と言うのです。

「なんで悲しくないの？」

「だって、マコちゃんは神様のところに帰って、神様が抱っこしてくれてるから、全然さみしくないよ！　マコちゃん、笑ってるもん」

「なんで、そんなこと分かるの？」と聞くと、自信たっぷりに「だってぼく、神様見えるもん」と。

子供のきれいな心には、神様が見えるのでしょうか……。

それからというもの、私はマコがどうしているのか気になるたびに、息子に聞くようになりました。

「マコちゃんは、神様とお花畑で遊んでるよ」

「マコちゃんは、お花が好きなんやで。マコちゃん元気やで」

聞くたびにうれしくなり、頑張る力が湧《わ》いてきました。

そうして一カ月ほどたったころ、今度は「マコちゃん、神様と一緒にお空飛んでるよ。ビューンって飛んで、おうちに帰る準備してるねんで」と言いだしました。なんてうれしいことを言ってくれるんだろうと思い、私は息子のきれいな心に感謝しました。

それからしばらくたち、「今日もお空飛んでるかな?」と聞くと、「もうお空飛んでない」と。「えっ? そしたらいま、どこにいるの?」と尋ねると、「ここにおるでー。もうマコちゃん帰ってきたでー」と、私のお腹《なか》を指さしました。

主人と私はびっくりして、そんなことがあるのかと信じられなかったのですが、なんと、本当に次の子を授かっていました。

夢のようでした。マコが神様のもとへ帰って百日をまたずに、また私のお腹へ返してくださったのです。

このとき息子は三歳。ということは、三年前まではマコと同じように、神様の懐に抱きしめられていたのです。だからこそ息子の心には、神様が通じたのかもしれません。子供というのは、神様の懐にいたときのように、キラキラした魂を持っているのだと、なんだか崇高な思いがしました。

この不思議な魂の生まれ替わりの話をきっかけに、以前から聞かせていただいていた神様のお話が、私の心にスーッと治まっていきました。

神様からお借りしているこの身体は、今生一代のもので、心だけが自分のものだということ。また、魂は永遠に生き通しで、生まれ替わりを重ねて、親が子となり子が親となり、恩の報じ合いをしていくのだということ。

私も主人も、そして息子、マコ、新しく授かった赤ちゃんも、それぞれ魂を持ってこの世に生まれ替わってきています。もしかすると息子の魂は、私がかつてお世話になったご先祖さまかもしれません。

いつもいつもそうは思えないときもあるけれど、私たち夫婦は、わが子を育てるというよりは、神様からお預かりした大切な子供を育てさせていただくという思いでいます。

誰しも、人には崇高な魂が宿っています。そして、陽気ぐらしをするうえで最もふさわしい両親のもとで、この世に生をうけます。

生まれ替わりを重ねて、主人を父として、私を母として、ここへ帰ってきてくれた子供たち。魂の成長をともに目指す親子として、家族仲良く、これからも心を磨き合っていこうと思います。

（二〇一五年九月）

第四章

家族のかたち

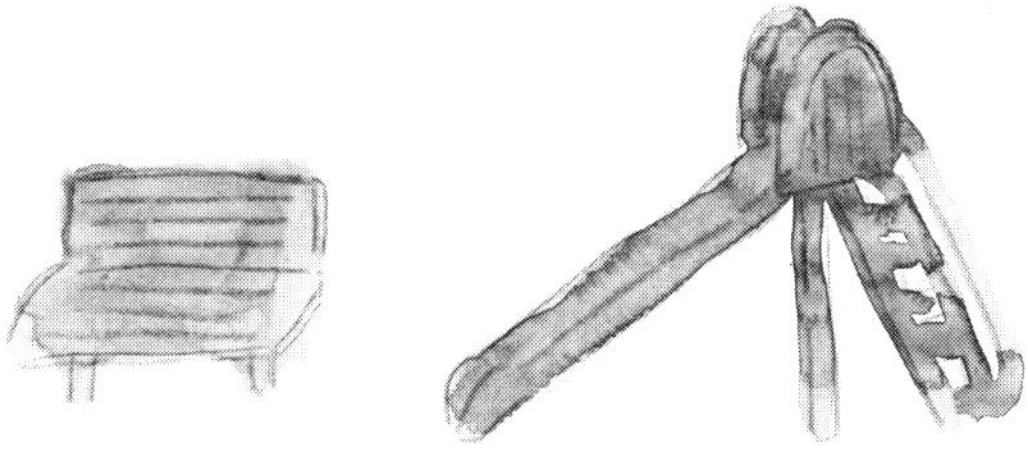

褒めて笑ってダイエット

吉福多恵子《よしふくたえこ》（濃飛《のうひ》分教会前会長夫人）

「お父さん、今朝は何グラム？」

「そうだなあ、昨日はちょっと食べ過ぎたから、一二〇グラム」

「お母さんとおばあちゃんは何グラム？」

「そうねえ、おばあちゃんは一〇〇グラム、と言いたいところだけど、このところ食欲ないし……。でも八〇グラムは食べてほしいよねえ。お母さんはいつものように、一一〇グラムでお願いします」

私たちのことを「お父さん」「お母さん」と呼んでくれるこの子は、三カ月ほど前にやって来た、わが家の里子ちゃんです。もうすっかり家族にとけ込んで、今日も朝食の手伝いをしてくれています。

さて近ごろ、わが家の食卓では、計量器が欠かせなくなりました。そのいきさつは、ちょうど一年ほど前にさかのぼります。

私の住む地域では、市民の健康意識を高め、また病気を早い段階で見つけるために、年に一度、特定健診を受ける制度があります。先般、夫婦で受診したところ、二人とも見事に「要注意」と判定されました。ところが、かかりつけ医に定期的に通っている夫は、医院で保健指導が毎回されていると見なされたためか、私一人にアフターフォローを知らせる郵便物が届いたのです。

同じように「要注意」の人が集まって、話を聞いたり体操をしたりする催しは、不定期に出かけることが多い私にとって、なかなか参加することはできません。しかし、個別の指導があることが分かり、意を決して申し込んでみました。

私の担当として来てくださった保健師さんは、とても明るく気さくな方で、肥満のメカニズムを資料を使って分かりやすく教えてくださり、私の生活に合ったダイエット計画を一緒に考えながら作成してくださいました。

食生活では、毎食野菜を多くとることと、ご飯は一三〇グラム。そして適度な運動として、ウオーキングと筋力アップのストレッチ。これがその内容でした。

いよいよ計画実行と、初めてご飯を計量しようとしたところ、夫が横から「僕も一三〇グラム」と声をあげました。ウオーキングに出ようとしたときにも、「あっ、僕も……」。こうして私のダイエット計画は、二人のダイエット計画となったのです。

旅は道連れ……やっぱり一人より二人ですね。しかも、夫は自分から進んでやりだしたので意識が違うのでしょうか、これまでは誰が何と言おうと食べたいだけ食べていたのに、一八〇度方向転換。間食をきっぱりやめ、コーヒーはブラックにし、身体《からだ》にいいと人気が高まっているゴボウ茶を手作りするなど、ダイエットの優等生になりました。

初めのうちこそ同じように体重が落ちていたのですが、少しずつ夫がリードし始めました。いまから思うと、そのころからでしょうか。毎月、信者さんの家を訪ねるのですが、そこで「会長さん、ちょっと痩《や》せましたね」と声をかけられるようになったのです。

次の月に行くと、「あら、会長さん。後ろ姿がスラッとしましたね」。別の家を訪ねると、「まあまあ、会長さん。すっかり格好よくなっちゃって。見違えましたよ」。そしてまた別の家では、「会長さん、すごーい!」。こんな調子で、どこへ行ってもみんなに褒《ほ》められて、褒められるからまた頑張って、夫はとうとう十三キロも痩せました。

こんなわが家にやって来たのが、先ほどの里子ちゃんだったのです。

里子に来る子供たちは、ほとんどが家庭の味を知りません。お父さんとお母さんの仲が良く、親が子を見守り、子が親を見習って成長していくような、温かい家族関係を味わわずに育ってきた子供が多いのです。

「お父さん、カッコいいよね。ジーンズがよく似合うでしょう」

「お父さんって偉いんだよ。さっきも、ご飯をもうちょっと食べたいなあって言いながら、我慢していたんだよ。すごいよねえ」

こんな調子で私が夫を褒めるのを、初めは面食らって聞いていました。ところが、「あいちゃん、おはよう。よく起きられたねえ。頑張ったね」「あいちゃん、洗い物を言われなくても手伝ってくれて、お母さん、すごく助かるわ。ありがとう」などと、どんな場面でも頑張りを褒められ、また誰彼なしに「かわいい里子ちゃんが来てくれてね、家のなかに花が咲いたようなのよ」と話しているのを聞いていたのでしょう。やがて、来たときのギスギスした心が、みるみる穏やかになってくるのがよく分かりました。

そうすると、ますます笑顔が増え、そして周りの人からも褒められているうちに、気がつけば、里子ちゃんの言うことが変わってきたのです。

「ねえねえ、お母さん聞いて。昨日お母さんが留守のとき、叔母さんがご飯を作ってくれたんだけど、叔母さんって料理上手《じょうず》だよね。めちゃくちゃおいしかったんだよ」

「お母さん、今日、髪の毛を切って学校へ行ったら、友達がすぐに気がついてくれて、前よりかわいいよって言ってくれたんだよ」

相手を褒め、また褒められたことを心から喜ぶ、素直な心が育ってきたのです。

「うれしいねえ。この子が来てくれて本当に良かったね。楽しませてもらえるね」

夫と私も、事あるごとに、こんな会話を楽しんでいます。

さて、ダイエット計画は、夫のダイエット成功という思いもよらない結果となりました。そう、肝心の私のほうは申し訳程度に痩せたくらいで、恥ずかしい限りです。

しかし、今回のダイエット計画のおかげで、言葉がどれほど人を動かす大きな力になるかということを、あらためて感じました。

天理教の教祖・中山みき様は、明るく勇んだ心で暮らす「陽気ぐらし」という生き方を、その身をもって示してくださいました。そのなかで、優しい言葉をかけて人を勇ませることは、とても大切なことだと教えてくださっています。

つい「言わなくても分かっているだろう」と思ってしまう心が誤解を生むこともあるし、言い方を間違えて相手を傷つけてしまうこともあるでしょう。いつでも「どんな声をかけようかしら」と心に掛け、言葉を磨いて、相手に届けたいものですね。
さあ、そろそろ里子ちゃんが帰ってきます。とびっきりの「おかえりなさい」を用意して、待っていたいと思います。

（二〇一四年十一月）

お邪魔しまーす

金丸昌美《かなまるまさみ》（湯和《ゆわ》分教会長夫人）

「昌美さんへ。誕生日おめでとうございます。いつもご飯を作ってくれてありがとうございます。めっちゃうまいっス。特に汁物は最高です。これからもよろしくお願いします」

去年の誕生日、娘たちからもらった手紙のなかに、こんな手紙も入っていました。反抗期真っただなかの、五男の友達二人からの手紙でした。

うちは天理教の教会で、主人の母と私たち夫婦、そして子供十三人の大家族です。

上のお兄ちゃんたちは、天理の学校でお世話になっているので、一緒に住むのは全部で十二人。そこに中学生の五男の友達が常に出入りしていました。

その日、私は教会の御用で朝から留守にしており、夕方帰ってきてから急いで夕食の準備をしていました。すると小学生の娘が来て、「お母さん、私がいいって言うまで、絶対にこっちに来たらあかんで」と言います。

私は「ハイハイ」と言いながら、気にも留めずに黙々と料理を作っていました。夕食の準備も整い、「ご飯やでー」と声をかけたところ、あちらのほうから「お母さん、こっちに来ていいでー」と娘の声が聞こえてきました。

台所のドアを一歩出ると、玄関までの廊下に折り紙で作った「輪つなぎ」がたくさん飾られていて、壁には「お母さん、お誕生日おめでとう。大好き」の文字が貼《は》られています。そして、子供たちが次々に手紙を手渡してくれました。そのなかに交じっていたのが、五男の友達からの手紙だったのです。

五男ともどもやんちゃな彼らは、学校へ行ったり行かなかったりで、半居候《いそうろう》の状態でした。初めて家に来たとき、黙ってズカズカと入ってくる五、六人の少年に、「ちょっと待った。よその家に入るときには、お邪魔しますとか、失礼しますとか言うもんやで。おばちゃん、初めて顔を見たし、名前も知らん人を家に上げられんから、自己紹介して」と言うと、ブスッとした顔でモゴモゴと名前を言っては、次々と部屋へ入っていきました。

一度や二度では顔も名前も覚えられず、「誰やったっけ?」と何回も聞く私に、最初は面倒くさそうに答えていた彼らも、だんだんと笑顔を見せてくれるようになりました。五男から聞いた話によると、どの子も両親が離婚し、親御さんが夜遅くまで仕事で家を留守にしているということでした。

ある日、夕食の時間になっても帰らない彼らに、「一緒に食べる?」と声をかけたのをきっかけに、その日からほとんど毎日、うちで夕食を取るようになりました。あまり勝手なことをしても悪いと思い、おうちの方に連絡して、了解をもらってから食べることに決めました。

毎日それぞれの学校が終わると、一人二人と集まってきます。外へ出ていくわけでもなく、音楽を聴いたり、おしゃべりをしたり、ゲームをしたり、時には小さい弟や妹たちの遊び相手をしたりして過ごすのです。

うちは教会ですから、夕方のおつとめがあります。うちの子供たちと同じように参拝場に座り、照れながらも見よう見まねでおつとめをし、ちゃんぽんなどの鳴物《なりもの》を勤めてくれることもありました。

夕食のときはワイワイガヤガヤ。大家族の掟《おきて》に従い、メーンのおかずは決まった数だけで、ご飯や副菜はお代わり自由。時々掟を破り、お隣のメーンに手を出して私に叱《しか》られることもありました。

そんななかでの誕生日のあの手紙です。もちろん、わが子からの手紙はうれしいものでした。けれども、茶髪でヤンキー風の彼らにもらった、たった何行かの手紙がとても心に残っているのです。

折り紙で作った輪つなぎも、「これ、俺《おれ》一人で作ったんスよ。何時間かかったか」と一人が言うと、「こっちは俺がやったっス」と自慢するもう一人。たぶん、娘たちに指図されながら、同じように作ってくれたのでしょう。見た目や態度で誤解され、ずいぶん損をしているであろう彼らが、本当は素直で優しく、そして正直な子であることに、心がほんわかしました。

ある日、五男が「お母さん、あれ見てみ」と、台所の壁を指さしました。主人は八人きょうだいで、皆それぞれ家族をお与えいただいており、親族の人数が多いので、分かりやすいように家族ごとに名前を書いた紙を貼ってあるのです。わが家のところを見ると、五男の名前の横に、二つ並んで新しい名前が書き足されていました。手紙をくれた二人組です。「何よ、これ」と笑うと、「俺ら、金丸家やもんな」と笑い返してきました。

学校をサボっては叱られ、金髪にしたら出入り禁止と黒に戻され、食べたら片づけなさいと注意され……、こんな口うるさいおばちゃんのいる家に、なんで毎日やって来るのでしょうか。遠い子は、自転車で四十分もかけて来るのです。私は、ふと思いました。うちは明るく楽しく、陽気ぐらしに見えるのかなと。

「あんたら学生でいられるのは、いまだけやで。いましかできへんことを、しっかりやりや」と諭す主人。「もうええの？　ご飯お代わりあるで」と世話を焼くおばあちゃん。泣いたり笑ったり、常にうるさいちびっ子たち。

きっと、いまの時代に、よそでは体験できない日々が、彼らの楽しみになっていたのかもしれません。そして私たちも、彼らから元気をもらっていたのです。彼らがやって来ると、笑いが増えるのです。

今日も彼らはやって来ました。

「お邪魔しまーす」

大きな声が台所まで聞こえてきます。

「今日は卒業式やったたな。なかなか真面目《まじめ》に座ってたやないの」と言う私に、あのときはああやった、このときはこうやったと、学校での様子を話してくれます。

そして、いつものように何時間かを過ごし、帰るときに私のいる台所に入ってきました。

「お邪魔しました」

私は手を止めて玄関まで見送りに行きました。

「気をつけて帰るんやで。またおいでよ」

「はーい」

だんだんと落ち着いて、大人に近づいていく彼らを見ながら、うれしいような、寂しいような、そんな気持ちになりました。


（二〇一六年七月）

幸せの順序

田口《たぐち》智子《さとこ》（藝備《げいび》分教会長夫人）

「お母さん、ただいま。今日、バイト先の後輩が遊びに来るんだけど、泊まらせてもいい？」と、末っ子の娘が帰ってくるなり言います。

「うん、いいよ」と私が答えると、「ありがとう。彼女、A子ちゃんって言うんだけど、まあいろいろ悩み多き年ごろだから、お母さんもよろしくね」。娘はそう言うなり、また急いで出かけていきました。

夜には、そのA子ちゃんがうちに来て、一緒にワイワイ言いながら夕食を食べました。そして、その後は娘がずっと、彼女の話を聞いてあげているようでした。

翌朝、娘はバイトに出かけ、A子ちゃんは、うちからごく普通に学校へ行きました。その日もA子ちゃんはうちに泊まり、一緒にご飯を食べ、娘とお風呂に入りました。まるで娘が一人増えたような気分でした。

その翌日、娘が朝早くバイトに出かけたあと、私とA子ちゃんは一緒に朝ご飯を食べ、一時間ほど彼女の話をゆっくり聞きました。

彼女は一歳から母子家庭で育ち、成長するなかで、親との確執や学校でのトラブルなどを経験しました。そして高校三年生になり、あと少しで卒業という段階で、「学校を辞める」と言いだすところまで心が追い込まれていたのです。

そんな四面楚歌《しめんそか》のような状況に、娘が「うちに泊まりにおいで。うちはいつでも誰でも大歓迎よ！」と声をかけたらしく、一緒についてきたとのことでした。

彼女は幼いころから、お母さんに話を聞いてもらったことがありませんでした。ずっと何かにつけ、「あんたがいるから私の人生はしんどいことばっかりや」と言われ続けてきたので、親が優しくて温かい存在だと感じたことが一度もなかったようです。だから自分は、いつか結婚して子供ができたら、愛情をたっぷり注いで、その子の思いを全部叶《かな》えてあげたいのだと、一生懸命に話してくれました。

話を聞けば聞くほど、彼女がいかに親の愛情に飢えているかを感じました。それでも私が、親というもののありがたさや、育ててもらった恩について話をしていくと、彼女なりにいろいろと考えている様子でした。

私はA子ちゃんに聞いてみました。

「うちの子には、いままでいっぱい我慢をさせてきたけど、A子ちゃんの目から見て不幸そうに見える?」

すると、「いいえ。先輩は優しくて、しっかりしていて、明るくて、本当にいい人です」と言うので、「娘もA子ちゃんのこと、すごくかわいい後輩で、いい子だって言ってたよ」と告げると、はにかみながら笑っていました。

娘は中学生のとき、いじめに遭い、つらい思いをしました。ある日突然、一人の女の子が娘に言った「あんたキモい」のひと言がきっかけでした。そこからいじめが始まり、クラスの誰一人、声をかけてくれなくなりました。それからも、お金を要求されるなど、さまざまなことがあり、本人はもちろん、夫と私、四人の兄姉たちも「なんで?」という思いでした。

いじめは一度始まると長く陰湿に続くものだと、娘を通して知りました。いままで自分自身もほかの子供たちも、明るく楽しく育ってきただけに、初めて別世界を見るようで、母親として毅然《きぜん》としながらも、心の内では苦しい日々が続きました。

その後、娘は紆余曲折《うよきょくせつ》を経て成長し、いまでは二十四歳になりました。中学生のときのいじめを乗り越え、高校では姉御肌《あねごはだ》を発揮し、友達から「ママ」とか「お母さん」などと呼ばれ、頼りにされる存在だったようです。

当時、娘をいじめていたリーダー格の女の子は、娘がいないと生きていけないと言うほど仲良くなり、よくうちに遊びに来るようになりました。「あんなに私をいじめていた人なのにね」と、娘は笑っています。

「自分がいじめられたからこそ、人の苦しさや痛みが、ほかの人より少しは分かるし、後輩たちの悩みも真剣に受けとめられる。いじめられて良かったとは、いまも思わないけれど、私には守ってくれる家族がいた。そのおかげでいまがあるし、この家の子に生まれて本当に良かったと思う」

娘はいまでは、そんなふうに話しています。


A子ちゃんは、娘がいじめられていたことを本人の口から聞いていたそうですが、いまの姿からは想像できないと驚いていました。

そんなA子ちゃんに、こんな話もしました。

「娘がいじめられていたとき、本人はもちろん、私たち家族もとてもつらかった。だけど、娘には、どんなときでも相手を決して恨まないこと、自分はかけがえのない存在であることをしっかり自覚すること、そして家族や周りの人など、必ず守ってくれる人がいるということを忘れないことが大切だって、何度も言ってきたのよ」

「何年か先、A子ちゃんがお母さんになって、子供に愛情を注ごうと思ったとき、わが子のことを思うなら、守ってほしいことがあるの。まずは一番にご主人を大切にすること。次に、双方の親に対して、育ててもらった恩を忘れずに感謝すること。そして、それから子供と向き合う。この順序さえ守れば、子供は必ず幸せに育つと思うよ」

　さわやかな朝のひと時、A子ちゃんは、ちょっとだけ納得したような笑顔を見せてくれました。


（二〇一五年九月）

言葉は力、言葉は宝

加藤芳樹《かとうよしき》（大海理《だいかいり》分教会長）

日本の社会はますます高齢化が進み、いまや四人に一人が六十五歳以上の高齢者といわれています。

そんな時代にあって、周囲を見渡すと八十歳、九十歳でも若々しく、青年のような生き方をしている方がたくさんおられます。その半面、十代や二十代の若者たちのなかには「ニート」と呼ばれる、仕事に就《つ》いていない、学校教育も受けていない、また職業訓練も受けていないという人たちが増え、日本の将来への大きな社会問題となっています。

わが家の二十九歳になる次男は現在、そうした青年たちが一人の大人として社会に巣立てるようにすることを目的とした、就労支援プログラムに従事し、彼らの自立のためのサポートをしています。

若者たちは三カ月間、合宿生活で規則正しい日常生活を送りながら、職業体験や面接の練習など、さまざまな訓練を行います。

その自立支援プログラムの一環として、一昨年から地元の農家の方々との連携が始まりました。若者たちが毎日、十人から十五人のグループを組み、人手が必要な農家へお手伝いに行くようになったのです。

最初のころは「田んぼや畑のことを何も知らないのに、いったいどんなことができるのか」と、受け入れる農家の方々にも、また若者たちにも不安がありました。

しかし、ある日を境に、その雰囲気が一変しました。それまでは農家から要望のあった作業だけやっていたのを、自分たちが気づいたところを少しだけ余分にお手伝いするようになったのです。

するとと、農家の方の反応や言葉が変わってきました。言うなれば、本物のお礼の言葉を頂くようになったのです。

「あらまあ、兄ちゃんたち、ここまでやってくれたのか。いやー、たすかった。本当にありがとう、ありがとう……」

それまでの、型通りの「ご苦労さん、お疲れさま」とは違う、心からの「ありがとう」の言葉をかけてもらえるようになって、若者たちの顔や目つきが見る見る明るく変わっていきました。

彼らは、ここで生活するまでのおよそ二十年間、おそらく家庭のなかでも地域でも、「おまえは、なんでこんなことができないんや！」などと言われ続け、お礼を言われたことなどなかったのでしょう。

そんな若者たちが、土とたわむれ、農作物の成長を目の当たりにする過程で、命の輝きにふれ、そして本物の「ありがとう」という言葉をもらい、勇気と元気、やる気を取り戻していったのです。

さらには、農家の方から「あなたたち、合宿生活しているんでしょ？　それなら、これを持っていきなさい」と、収穫した野菜を頂くようになり、このことがまた若者たちを元気づけました。

人が心から喜んでくれたことや、本物のお礼の言葉をかけてもらったことが、みんなうれしくてたまりません。そんな思いから、「頂いた野菜を自分たちだけで食べるのは申し訳ない」と、宿舎の玄関前にパネルを置き、「私たちがお手伝いをさせてもらった農家の方から頂いたものです。『おすそわけ』です。どうぞ、ご自由にお取りください」と書いて、頂いた大根、白菜、キャベツなどを並べました。

すると、それまでは見ず知らずの若者たちに、よそよそしい態度だった近所の人たちが、「最近なぜ若者が大勢出入りしているのかと思ったら……、こういうことをしていたのか」と納得し、道で会っても、また遠くからでも声をかけてくださるようになったのです。

「あんたたち！　この間のほうれん草を頂いたよ。とっても柔らかくておいしかった。本当にありがとう。今日も元気に頑張りなさいよ」

若者たちにとっては、いままでの人生では味わえなかった人と人との関わりを経験することができ、そのなかから日増しに生きる力を蓄えていったのです。

「声は肥」。人間の出す言葉は、心の肥《こ》やしなのだと教えていただきます。

周囲の人々から声をかけていただいた若者たちが、まるで肥を置かれた植物のように、どんどんと輝きを取り戻していきました。うつむき加減に過ごしていた日常から、目線を徐々に上向きにして、時には胸を張って街を歩くまでに成長させてもらったのです。それはとてもすてきなことであり、感激の展開でありました。

言葉は力。言葉は宝。

私たちの誰もが持ち、生活のなかで生かすことのできる力。家族が円満に、明るく陽気に暮らすヒントは、一人ひとりが自ら本物の感謝の言葉や、本物のお礼の言葉をかけることだと、しみじみ感じています。

（二〇一三年十一月）

不思議な出会い

窪田《くぼた》りか（南山《みなみやま》分教会長夫人）

先日、息子から「お母さん、すごい話。聞いて！」と電話がありました。

それは、息子が四月から勤め始めた職場でのことです。休憩時間に話の流れから、息子が自宅である教会の場所を言うと、ある女性の先輩から「そこって、隣に病院があるところ？」と尋ねられました。「そうです」と答えると、その先輩は「えーっ！」と驚き、いきなり涙を流したというのです。

数年前、その先輩のおばあさんは、重い認知症で自宅での介護が難しくなり、うちの教会の隣の病院に入院しました。彼女は仕事や家庭の事情で週末しか面会に行けず、「一緒に帰りたい」と言うおばあさんを病院に残して帰るときは、いつも後ろ髪を引かれる思いでした。

ふと見ると、病院の駐車場の隣に天理教の教会があります。すがる思いで、「神様、今度お見舞いに来るまで、どうかおばあちゃんのことをよろしくお願いします」と、帰るときには必ず外からお願いをしていました。

知らない教会に入っていく勇気はないけれど、たとえ外からでも神様にお願いをさせてもらうことが自分への慰めであり、「この教会の神様が、おばあちゃんを見守ってくれる」と思うだけで救われたのだそうです。そのお見舞いとお願いは、おばあさんが亡くなるまで五年間ずっと続けられました。

それから数年たったいまでも、彼女の心のなかには、おばあさんを家に連れて帰ってあげられなかった申し訳なさと、もっと自分にできることがあったのではないかという後悔があり、病院の周辺には足が向かなかったと言います。それが、たまたま自分の勤務先に配属された後輩の自宅がその教会だと知り、当時の感情がよみがえってきたのでしょう。この偶然の出会いに、息子も、自らの教会のそばで、そんな思いで参拝していた人がいたことに驚き、すぐに私に教えてくれたのです。

それから数日後、彼女が「どうしても教会の神様にお礼が言いたい」と、息子と一緒に訪ねてきました。彼女は「この教会に来て、いままでの胸のつかえが取れたように思います」と言ってくれました。

よく聞くと、教会の玄関に入った途端、身体《からだ》がすーっと温かい空気に包まれるような感じがしたと言うのです。そして「まさか、この教会に参拝できる日が来るなんて、思ってもみませんでした。ここで座っていることが本当に不思議です」とも。

私は「きっと、おばあさんがここに導いてくれたんだと思うよ。毎週お見舞いに来てくれたあなたに、ありがとうって、お礼が言いたかったんだわ。おばあさんは、あなたの顔を見るのがとってもうれしかった。だから、おばあさんがいま抱きしめてくれたのと違うかな?」と、彼女に伝えました。

神様が、息子との不思議な出会いを通して、彼女をこの教会に連れてきてくれたに違いありません。ただの偶然ではないと思いました。

息子は「病院のそばの教会っていうだけで、こんなふうに誰かをたすけさせてもらえるなんてすごい。本当に、僕らの知らないところで神様は働いてくださっているんやなあ」と感激していました。


彼女は、いまでもおばあさんのことを思い出すだけで涙を流すほど、おばあさんが大好きです。きっと彼女のご両親が、おばあさんを大切にしていた家庭なのでしょう。彼女と話しているだけで、温かい家族の雰囲気が目に浮かぶようでした。心優しい家族に見送られたおばあさんは、本当に幸せだったと思います。

そんなおばあさん思いの心を、神様はお喜びくださり、息子と出会わせて、こんなサプライズを用意してくださったのではないでしょうか。

いま彼女は、すてきなご主人と結婚し、働きながら三人の子育てに頑張っています。先日は、ご主人の実家に預けた子供を迎えに行くと、体じゅう泥だらけだったそうです。理由を聞くと、「おばあちゃんと畑へ行ったんだ。軍手と長靴まで買ってもらったんだよ」と言ったとか。そんなことを笑顔で話す彼女の口ぶりからは、嫁ぎ先のご両親にもかわいがられ、温かい家族に恵まれている様子が分かります。

親孝行の姿が親から子、子から孫へとつながっているんだなあと思いました。そんな彼女の姿を、おばあさんも、きっとほほ笑みながら見守っていることでしょう。

不思議な出会いから、心温まるお話を聞くことができました。彼女から親孝行の大切さを教えてもらった気がします。親々がいてくれたおかげで、いまの自分がいるということを忘れてはいけないと思いました。

（二〇一六年八月）

心を開くお茶とだし巻き

辻《つじ》 治美《はるみ》（甲京《こうきょう》分教会長夫人）

着物の西陣織《にしじんおり》で有名な、京都市内の西陣と呼ばれる地域に住んでいます。近所の路地裏には歴史を感じる町家が残り、いまでも「ガッシャン、ガッシャン」と機《はた》を織る機械の音が聞こえてきます。

教会に嫁いだときには、一人も知り合いがいませんでしたが、二十年がたち、四人の子供を授けていただくなかで、さまざまな出会いから多くのママ友ができました。

そのなかの一人とは、お互いに心を許して話をする間柄になりました。

彼女には三人の子供があり、一番上のお子さんが重度の自閉症です。なんとか力になりたいと思って話を聞かせていただくなかで、ご主人が育児に協力してくれず、離婚まで考えているのだと打ち明けてくれました。

私は、彼女の悩みにどう答えていいか分からず、会長であった主人の父に相談しようと、彼女を教会へお連れしました。

父は、彼女に一杯のお茶を入れ、「まあ、飲んでみ」と勧めました。緊張していた彼女はひと口お茶を飲むと、そのおいしさに驚き、お茶の話から一遍に心が和《なご》んだ様子でした。そして、それから家のことやご主人のことを、ぽつぽつと話してくれました。

すると父は、ゆっくりと優しい口調で、彼女に話し始めました。

「鏡を見て、自分の顔に汚れが付いていても、鏡のなかの顔は拭《ふ》かへんやろ。自分の顔を拭いたら、鏡のなかの顔もきれいになってる。夫婦も同じやで。相手の嫌なところを変えようと思っても変わらへん。自分が変わったら相手も変わる」

彼女は真剣に聞いていました。

「夫婦は鏡。相手の嫌なところは自分も持っている。だから、自分の癖《くせ》を直すのが先や」と話す父に、彼女は「どうすれば自分の癖を直せるのですか？」と尋ねました。すると父は、「毎日参拝させてもらったらええ。神様のところへ毎日足を運んで、心のほこりを払っていたら、神様がいつの間にか癖を直してくださる」と答えました。

それから彼女は、一番上のお子さんを連れて毎日参拝に来られるようになりました。その時間は彼女にとって、胸のなかの思いを打ち明けられる時間でもありました。

私は、つらい思いや腹立ち、やりきれない思いを聞かせてもらいながら、共に泣き、時には共に笑い、心が軽くなったあとで「ここで心のほこりを全部払っていこうね」と言って、一緒におつとめをしました。そして、自閉症のお子さんに、おさづけを取り次がせていただきました。

日参を続けるうちに、彼女は離婚を思いとどまるようになりました。すると今度は、ご主人の両親との同居話が持ち上がったのです。

教会へ相談に来た彼女に、父はこう言いました。

「親孝行したら子供が結構になる。子供が親孝行してくれる」

彼女は父の話に意を決し、家族でご主人の実家へ引っ越しました。

あれから十年、彼女は親孝行に励み、ご主人と三人の子供たちと一緒に、前向きに人生を歩んでいます。


こんなふうに分かりやすい言葉で教えを聞かせてくれた父は、七年前に亡くなりました。母や家族に「ありがとう」と、感謝の言葉を残して。

元は西陣織の職人で、生粋《きっすい》の京都人だった父は、おいしいものをよく知っていました。教会に来られる人には、必ずこだわりのお茶をお出ししていました。私のママ友の緊張をほぐしたのも、このお茶です。まったりと濃い玉露で、父は丁寧《ていねい》に茶葉をブレンドしていました。

いま思えば、父にとってのお茶は、人の心を開く大事な〝おたすけアイテム〟だったのかもしれません。このお茶の味は、現会長である主人がしっかりと受け継ぎ、教会に来られる人に振る舞っています。

　父が亡くなったあと、私たち夫婦を見守ってくれている母は、おいしい手料理でみんなの心を和ませています。特に「だし巻き卵」は、大人から子供まで大人気です。

　私は父が亡くなったあと、すぐに第四子を出産しましたが、重度のてんかんを持って生まれ、しばらくの間、子供と一緒に入院生活を送りました。つらい日々のなか、母が差し入れてくれるだし巻きを食べると、涙があふれました。親の思いが、だし巻きを通じて伝わってきたのだと思います。

　あれから七年、この子はいまも寝たきりで、自分では動けません。しかし、その笑顔は教会全体を喜びの空気で満たしてくれます。また、この子のおかげで、同じように子供に障害のある親子と出会い、時には教会に集まって食事をしながら、悩みや喜びを分かち合っています。

　そこで母のだし巻きの登場です。みんな「おいしい！」と大喜びし、いまでは「おばあちゃんのだし巻き」として、集まりに欠かせないメニューとなっています。

父のお茶と母のだし巻きには、おいしさとともに温かい親の心が込められていて、教会にはなくてはならない、人の心を開く一品なのです。

さて、母のだし巻きを引き継ぐべく、私も教《おそ》わって挑戦していますが、味にうるさい長男からは「お母さんは、まだまだやなあ」と言われる始末です。そしてとうとう、長男は「おばあちゃん、だし巻き教えて」と、自分で作り始め、メキメキ腕を上げています。

なんとも情けない話ですが、私を飛び越えてでも、だし巻きの味が次の代へ受け継がれていくことを喜んでいます。

（二〇一七年六月）

家族は恩人

井筒正孝《いづつまさたか》（黒石《くろいし》分教会前会長）

ちょうど五年前のことです。私は命も危ういという大きな病気をしました。がんです。胃を全部摘出し、大腸を切り、胆嚢《たんのう》も取ってしまいました。

そんな大きな手術だったにもかかわらず、格別の苦痛やトラブルもなく順調に回復し、今年の五月、ありがたくも病院のほうは一応終了ということになりました。

「いまだから言うけどね、あのときは大抵の人が、もうだめだと思ったんじゃないかな」

そんな言葉を何人もの人から聞きました。

幼いときからの臆病者。ガチャガチャと注射器や医療機器の音を聞いただけで鳥肌が立つような、意気地《いくじ》なしの私です。格別、心掛けが良いわけでもありません。その私が、どうして身体《からだ》のつらさも心の苦しみもほとんど味わうことなく、順調に回復できたのか。ありがたいことでした。そこのところは、きちんと自分の胸に刻みつけておかなければならないと思いました。

そのことを省みるに、日に日に進歩する現代医療、家族をはじめ多くの人たちの真心、そして何よりも生かされている命の不思議、この三つの〝おかげ〟に頭を下げないわけにはいきませんでした。

もちろん私は、自分の病名や病状を最初から知っていました。けれどもありがたいことに、その病名から想像されるような身体の苦痛も少なく、心もまた不安や恐怖にさいなまれることなく、冗談を言ったり、ゲラゲラ笑ったり。たぶん病室には重苦しい雰囲気など、ほとんどなかったと思います。

振り返って、私の家族をはじめ、周りの皆さんのさりげない気遣いがあったことをあらためて思いますが、そこには、家族や周囲の人たちに共通の死生観、生きるとか死ぬということに対しての同じような思いがありました。だからこそ、危ういなかも明るく通ってこられたのだと考えています。

その共通の思いとは何だったのでしょうか。

一つは、人間は生きているのではなく、生かされている、生かしていただいているのだという生命観です。ですから、生きるも死ぬも、最終的には自分の計らいではなく、人間の力を超えた大いなるものにお任せすることが大切なのだと。

また一つは、死は決して終わりではないということです。親から子、子から孫へと連綿と続く命のリレー。そのひと区間を私たちは担い、それぞれの役割を果たすのです。ちょうど地面から生えた木々が、秋になって大地に実を落とし葉っぱを散らすのは、それで終わりなのではなく、また次の春を準備するためであるように。

そして三つ目に、たとえ何歳で世を去ろうと、それが早かろうと遅かろうと、亡くなるときは「ありがとうございました」と感謝の心でお別れしたいものだ、という気持ちがありました。家族はもちろん、これまで出会ったすべての人に対して。そして何よりも、生まれてこのかた一分一秒も絶え間なく、護《まも》り生かしていただいた大いなる存在に対して。

といって私は、いつでもそのような心でいられるほど立派な人間ではありません。いつ死んだとしても、本当に心から「ありがとうございました」と言えるだろうか。そう自分に問うてみると、全く自信がありません。

病室で夜、一人目覚めて、あれこれ思いを巡らすなかに、「いくら良いことを考えても、それだけでは絵に描いた餅《もち》だ。考えたことが生きてくるためには、日ごろの心の使い方、心の訓練が大切なのだ」と思わないわけにはいきませんでした。

それなら私は、自分のなかにどんな心を育てていったらいいのだろうか?

「そうだ、生涯の終わりを〝ありがとう〟の言葉で閉じたかったら、普段から〝ありがとう〟の練習をしておくことだ」

そう思って、少しばかり実行に移してみると、自分の心のなかに一つの変化が起きていることに気がつきました。

実は、私の内孫に双子の姉妹がいます。五年前、私が入院するちょうど一カ月前にその子たちは生まれました。

「こんなおめでたいときに、じいさんが、がんだって？　入院？　大手術？」

たぶん口にこそ出さねど、わが家のみんなには戸惑いや不安があったと思います。

そんななか、日ごとに双子の赤ん坊は音を立てて成長していきます。大きな手術をし、やっと退院してヒョロヒョロ枯れ木のようになっている私に、双子の伸びる勢いが伝わってきます。

「縁あって、私とバトンタッチするかのように生まれてきたこの双子たち。しっかり育てなければ……」

そう思っていたのですが、実は、この子たちから命のエネルギーをもらって回復していく自分に気がつきました。世話をするつもりが逆に、この双子は私にとって恩人だったのです。

「〽仰げば尊し、わが師の恩」。この歌に代表されるように、これまでの日本では、師の恩、親の恩はよく説いてきました。もちろんそれは恩の基本でしょうが、子の恩、孫の恩、あるいは教え子の恩もあるのだと、心に銘じておきたいものです。そうすれば、日本の教育もきっと変わってくるでしょう。

私の知っているある家庭ですが、両親も子供たちも、みな優秀です。それぞれ一流の大学を出て、人もうらやむ仕事に就《つ》いています。ただ一つ、そのご家族の悩みは、息子さんの一人が、ひきこもりをしていること。

ご両親にしたら、「この子さえ、せめて世間並みであったら……」という思いがあるかもしれません。しかし私は、この息子さんが引きこもることによって役割を果たしている、と思いました。

もしご両親の望み通り、どのご子息にも憂いがないとしたら、人間ですから、あるいは高慢になって、どこか人を見下す態度が出てくるかもしれません。また、非の打ちどころのない一家の姿に、周りの人々は近づきがたいものを感じるかもしれません。けれども、そのひきこもりの息子さんのおかげで、人さまの気持ちもよく分かる。心を低くして人と謙虚に向き合うことができる。そう考えれば、この息子さんは家族の皆さんにとって、掛け替えのない恩人だとも言えるでしょう。

私はがんという病気から生き返った。普通、〝がんがたすかった〟と言いますが、一面、がんという病気によって、私という人間が少しでもたすけていただいた、とも言えます。

入院の寸前、双子が生まれた。枯れ木のようになっていた私は、この双子から命のエネルギーをもらい、回復することができた。

どこかの家庭に、ひきこもりのご子息がいるとする。そのおかげで家族の皆さんは、謙虚な心を失わないとしたら……。

そう考えていくと、家族はみな恩人になります。

けれども、なかには「この親さえいなければ」「この子のせいで、わが家はめちゃくちゃだ」などと、家族に憎しみを感じる人も少なくないでしょう。誠につらいことではありますが、そんななかでも、家族に対してでなくてもいい、たとえどんな些細《ささい》なことにもうれしさを見つけて、「ありがとう」の言葉を発してみませんか。きっと、あなたの目に映る世界が変わってくる。そう信じています。

（二〇一〇年九月）

ふくれる

藤江美幸《ふじえみゆき》（大垣《おおがき》大教会ようぼく）

わが家のとっている新聞に、「ことばの食感」というコラムがあります。「目の作家、耳の作家」「『数人』でマージャンができるか」「着せ替え文字」等々、興味深いタイトルにひかれて愛読しています。

ある日のタイトルは、「『ふくらむ』と『ふくれる』」。「物が内側から外側に向かって盛り上がるように大きくなるという点では、〝ふくらむ〟も〝ふくれる〟も意味が共通している。しかし両語はイメージに差があり、好感度も違う」と書かれ、そのあとに、それぞれの具体的な使用例があり、こうまとめられています。

「〝ふくらむ〟は全体的な膨張を、〝ふくれる〟のほうは、一部分だけが飛び出すようなバランスの悪い膨張を表すのに適している」

なるほど、なるほどと読み進むうちに、ふと、ある思い出が頭をもたげました。

もう四十年ほど前、私が藤江の家に嫁いで間もないころのことです。実家の母が立ち寄ってくれたことがありました。

そのとき、義母と母が京都の同じ女学校に通った同窓生であることが分かり、急に打ち解けて、楽しそうに昔話に花を咲かせました。少女のころに戻ったような若やいだ二人を、私はほほ笑ましく眺めたものです。

それから数年後のある日、実家の母が私に尋ねました。

「あなた、まだよくふくれるの？」

私はわけが分からず、「何のこと？」と聞き返すと、義母と会った数年前のことを話してくれました。

あれこれ話すうちに、義母が「あの子、よくふくれるんですよ」と、おかしそうに言ったというのです。母は私に言うべきかどうか迷った末、何も告げずに帰ったとのこと。

その話を聞いて、私は内心、愉快ではありませんでした。どうして直接私に言ってくれないのだろう。嫁いで間もない嫁の実の母親に、「あなたの娘はよくふくれる」なんて、言うほうも言うほうなら、だまって胸におさめる母も母だと、そんな思いでした。

でも、時がたっていたおかげで、冷静に受けとめることができました。それが母の狙いだったのかもしれません。その場で告げて、ふくれっ面でもされたら、いたたまれなかったでしょうから。

それにつけても、母たちの世代は懐が深かったなあと感心します。自分の胸にとどめて、じっくり考えて行動する。それに引きかえ、私たちはせっかちになりました。正直が一番とばかりに、すべてを白日の下にさらそうとし、すぐに結果を求めます。

人との付き合いも変わってきました。広く浅く。家族も例外ではないようです。

私もいまでは、三人のお嫁さんたちに「お母さん」と呼ばれるようになり、くすぐったいような幸せを感じています。三人三様、個性的で、付き合いを重ねるほどに、かわいさが増してきます。

でも、私は義母のようには言えません。スタートラインが違うんですね。彼女たちは嫁ではなく、息子の連れ合いなのです。

孫の成長は、メールや写真で逐一知らせてくれますし、たまに顔を見せに来てくれることもあります。子供のいない長男と三男夫婦は、一緒に食事をして顔を合わせたり、旅の土産《みやげ》を持ってきてくれたりします。

こちらも煮込み料理をたっぷり作って、栗ご飯やきのこご飯とともに、それぞれの家庭に届けるのが楽しみの一つ。「おいしかった」の声も、うれしいものです。

和《なご》やかに時が流れ、これでいいのだと思う半面、行き交う言葉は「ありがとう」ばかりで、なんだか少し物足りない気もします。

私が結婚した当時、長男の元へ嫁げば同居が当たり前でしたが、次男、三男となると、親元を離れて一家を構えるのが普通でした。それでも家族のつながりは、いまよりも深く強かったように思います。

私の場合も夫は三男で、〝個人と個人〟として出会って、小さな家族を始めるつもりでした。ところが、気がつくと大きな家族の一員になっていました。それが運命だったのでしょうか、予期せぬ展開でした。

以来、喜怒哀楽を重ねて四十年余り、一筋縄ではいかなかったからこその歳月の味わいに、いまでは愛着すら覚えます。

その間、ずっと支えてくれたのは夫でしたが、実家の母と嫁ぎ先の母、二人の存在が大きかったと、あらためて思います。

実家の母は母性のかたまりのような人で、私に惜しみなく愛情を注いで何でもしてくれました。そして、いつも言っていました。「あなたはバカじゃないでしょ? 自分でやらなければならないときが来たら、自分でやれる。大丈夫よ」と。いまでも何か新しいことに挑戦するとき、自分の胸に、この言葉を言い聞かせます。

藤江の母は、ハイカラでおしゃれな人でした。細かいことは言わず、サッパリした気性で、胸の内を表に出すことはありませんでした。たまにポロッともらすことがあっても、私はただ聞くことしかできず、悔しい思いをしました。

晩年は病気がちで、そのころになるといろんな話をしました。嫁姑《しゅうとめ》というより、人生の先輩後輩として。

あるとき、雑談のなかで「あんた、なんでこの家に嫁に来たのや。せんでもいい苦労をしたやろ」と、しみじみ言われました。私は何も答えられず、二人でしばらく見つめ合っていました。私はこのとき、自分の居場所を見つけたような安らぎを覚え、義母がより近しい人に感じられました。

人生でこの二人の母に出会えた幸せを思うにつけ、三人の息子の連れ合いたちとの間柄を考えます。これからの彼女たちの長い人生に、私に何かできることがあるでしょうか。私はいつでも準備ＯＫですよ。

先日、こんなことがありました。

孫娘が四歳になり、自己主張が目立ってきました。生後半年ばかりの妹の世話に手をとられる母親の姿に、寂しい思いを募らせていたのでしょう、母親の些細《ささい》な言葉にへそを曲げ、プイと横を向き、見事にふくれました。そのほっぺのかわいかったこと。私は思わず、ぎゅっと抱きしめました。

ねえ、お義母《かあ》さん。嫁いで間もないころ、母に言ったあの言葉。よくふくれる困った嫁だと思いながら、私のことをすべて受け入れてくださっていたんですね。

（二〇一五年一月）

まんまる家族《かぞく》

立教182年(2019年)10月1日　初版第1刷発行

編　者　天理教道友社

発行所　天理教道友社
〒632-8686　奈良県天理市三島町1番地1
電話　0743(62)5388
振替　00900-7-10367

TENRIKYO DOYUSHA

印刷所　株式会社天理時報社
〒632-0083　奈良県天理市稲葉町80

ISBN978-4-8073-0629-9
定価はカバーに表示